Girotondo 2

L'italiano nel mondo

Musiche originali delle canzoni:
Juan Carlos "Flaco" Biondini
Direzione del coro "Verdi Melodie"
(IV° circolo didattico di Parma)
e delle voci: Beniamina Carretta

Si ringraziano N.L. Manghi, dirigente
del IV° circolo didattico di Parma e
Alessandro Casappa

Art Direction e Progetto Grafico:
Salt & Pepper - Perugia
Illustrazioni: Fulvio Petri

ISBN 88-7715-863-8
© Copyright 2005 Guerra Edizioni
www.guerra-edizioni.com

Stampa: Guerra - Guru S.r.l.

Tutti i diritti riservati.
È assolutamente vietata la riproduzione
anche parziale, dell'opera con qualsiasi
mezzo effettuata, non autorizzata,
compresa la fotocopia.

LINUCCIO PEDERZANI - ALIDA CAPPELLETTI
MARCO MEZZADRI

Girotondo 2

L'italiano nel mondo

LIBRO STUDENTE

Girotondo - L'italiano nel mondo

è un corso di italiano per bambini dai 5 agli 11 anni.
In conformità con lo sviluppo proposto dal *Quadro comune europeo per le lingue* **Girotondo** porta il bambino a raggiungere il livello A2, seguendo la suddivisione interna *Principianti, Intermedi, Avanzati*.

È suddiviso in cinque libri dello studente, accompagnati ciascuno da un'audiocassetta/cd audio, dal corrispondente libro dell'insegnante e da un set di figurine illustrate. È corredato inoltre da un dizionario illustrato le cui immagini si trovano nelle pagine allegate a ogni libro dello studente. A partire dal testo **Girotondo 1** è presente una sezione di grammatica di riferimento costituita da un inserto che permette al bambino di costruire i percorsi di riflessione grammaticale in modo operativo.

Girotondo 2, per alunni intermedi (A1/A2), è rivolto a bambini in Italia o all'estero:
- che hanno già avuto un'introduzione formale allo studio dell'italiano attraverso **Girotondo 5-6 anni** oppure **Girotondo Primo approccio** e hanno proseguito il percorso di studio attraverso **Girotondo 1**;
- che hanno iniziato con **Girotondo 1** il proprio percorso di studio della lingua italiana.

In entrambi i casi si prevede la prosecuzione dello studio per il raggiungimento del livello A2 attraverso **Girotondo 3**.

La principale caratteristica di **Girotondo** è la flessibilità: il corso infatti si può adattare alle diverse situazioni e ai diversi contesti di apprendimento linguistico, può cioè essere usato sia per classi plurilingui, che monolingui.

Il corso ha come filo conduttore le avventure fantastiche di vari personaggi, le cui caratteristiche si adeguano alle diverse età dei bambini. La storia narrata ha lo scopo di avviare i bambini allo sviluppo di un sentimento di rispetto dell'altro attraverso lo scambio culturale, il dialogo, l'accettazione e la valorizzazione delle diversità.

Il corso, strutturato sulla base dei più recenti indirizzi umanistico-affettivi, rispetta i diversi stili di apprendimento dei bambini e ha come obiettivo un apprendimento che significa soprattutto imparare a fare con la lingua.

Il lessico e le strutture principali della lingua, così come gli aspetti fonologici, vengono introdotti attraverso filastrocche e canzoni originali.

Notevole importanza è rivestita dal gioco, inteso come strumento per motivare, per stimolare al piacere nell'apprendere, per ridurre l'ansia della prestazione, per avvicinare in pratica il bambino ai nuovi contenuti e alla relazione con l'altro in modo sereno.

La mia Grammatica

 Ascolto

 Scrittura

 Lettura

 Disegno

 Canto

 Drammatizzazione

 Taglia e Incolla

 Filastrocca

 Campionato dei ricordi

 Gioco

 Dizionario Illustrato

percorso 1

percorso 1

1 Ascoltiamo

2 Il campionato delle parole
Cantiamo una canzone

percorso 1

Che cosa manca?

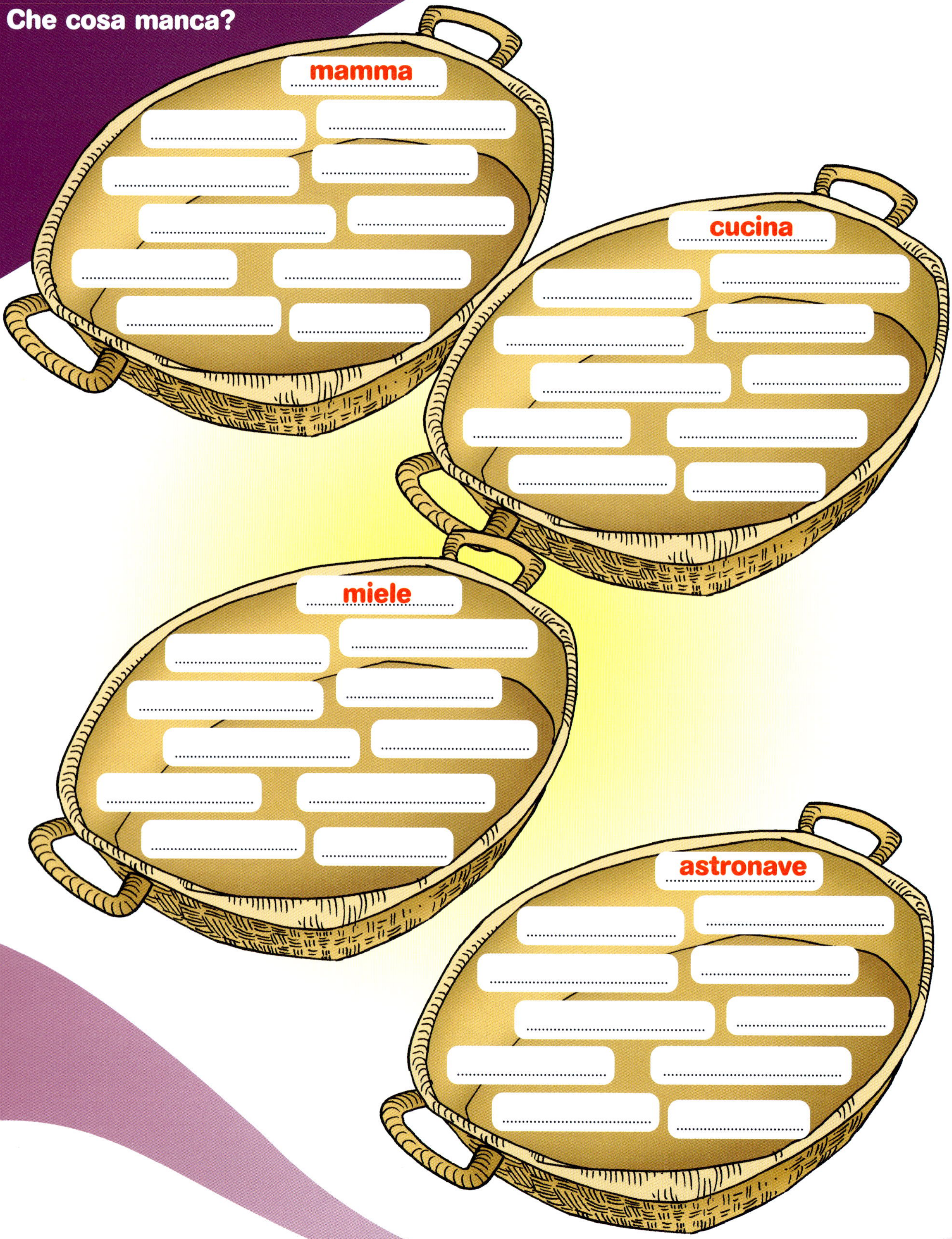

mamma

cucina

miele

astronave

8 otto
girotondo / **percorso 1**

3 Attenzione! Che cosa è successo?

4 Ascoltiamo

Dov'è il bosco?

Sempre dritto e poi a destra.

Grazie e arrivederci.

	Sì	No
1. I bambini vanno a cercare il mangiadrillo nel bosco.		
2. Non si ricordano la strada.		
3. Incontrano un animale.		
4. L'uomo si chiama Olmo.		
5. Abita in città.		
6. Il bosco è sempre dritto e poi a destra.		

percorso 1

⁵Scriviamo
Che cosa fa il mangiadrillo?

....

....

....

....

....

....

....

....

....

10 dieci
girotondo / **percorso 1**

6 Ascoltiamo e scriviamo

Amico Lillo, come ....?
Che cos'...................?

Sono .... I miei amici sono andati via. E poi ho ....

< Perché non cerchi una pianta?

Sì, hai ragione.

Lillo, Lillo, dove ....?

Sono qui, venite!

Ciao Lillo, come stai?

Adesso sono ....
perché siete arrivati.

percorso 1

7 Ascoltiamo ancora

12 dodici
girotondo / percorso 1

percorso 1

9° Leggiamo e disegniamo

Scusa, Grande Albero, dov'è la casa numero 3?

Va' avanti, poi gira a sinistra. Va' diritto, poi gira a destra dopo la casa rossa. Va' diritto, poi gira a destra. A sinistra trovi i fiori rossi. Va' diritto, non girare alla prima a sinistra ma va' ancora diritto. Dopo i fiori blu gira a sinistra e va' sempre diritto fino al ponte. Dopo il ponte gira a sinistra e poi a destra dopo gli alberi rosa. Va' diritto e arrivi alla casa numero 3.

10 Giochiamo

11 Ascoltiamo

percorso 1

12 Scriviamo e leggiamo

La sciarpa è ....

Il cappello è ....

vecchia
stanca
grande
grosso
lunga
bianca
rosso
bello
breve
rosse
gialle

L'uomo è ....

La donna è *vecchia e stanca* .

Fa freddo. Il giorno è ....

Le foglie sono ....

C'è il sole. Il tempo è ....

13 Ascoltiamo: chi è?

percorso 1

14 Colleghiamo

I capelli di Bianca sono neri e lisci.
I capelli di Paolo sono corti e biondi.
I capelli di Giulia sono lunghi e ricci.
I capelli di Francesco sono corti e castani.

15 Leggiamo e coloriamo

È un cane marrone e vecchio con le orecchie nere e corte.

È un bambino con i capelli biondi e gli occhi neri.

È un uomo con gli occhi azzurri e i capelli castani.

percorso 1

16 Ascoltiamo: che cosa non va bene?

1 capelli rossi

17 Giochiamo

Io sono:
- un bambino ☐
- una bambina ☐

I miei capelli sono:
- castani ☐
- biondi ☐
- neri ☐
- rossi ☐
- grigi ☐
- lisci ☐
- ricci ☐
- mossi ☐
- lunghi ☐
- corti ☐

I miei occhi sono:
- verdi ☐
- neri ☐
- azzurri ☐
- marroni ☐
- blu ☐

Apri la pagina I degli allegati.

18 La mia grammatica

percorso 1

19 Ascoltiamo una filastrocca

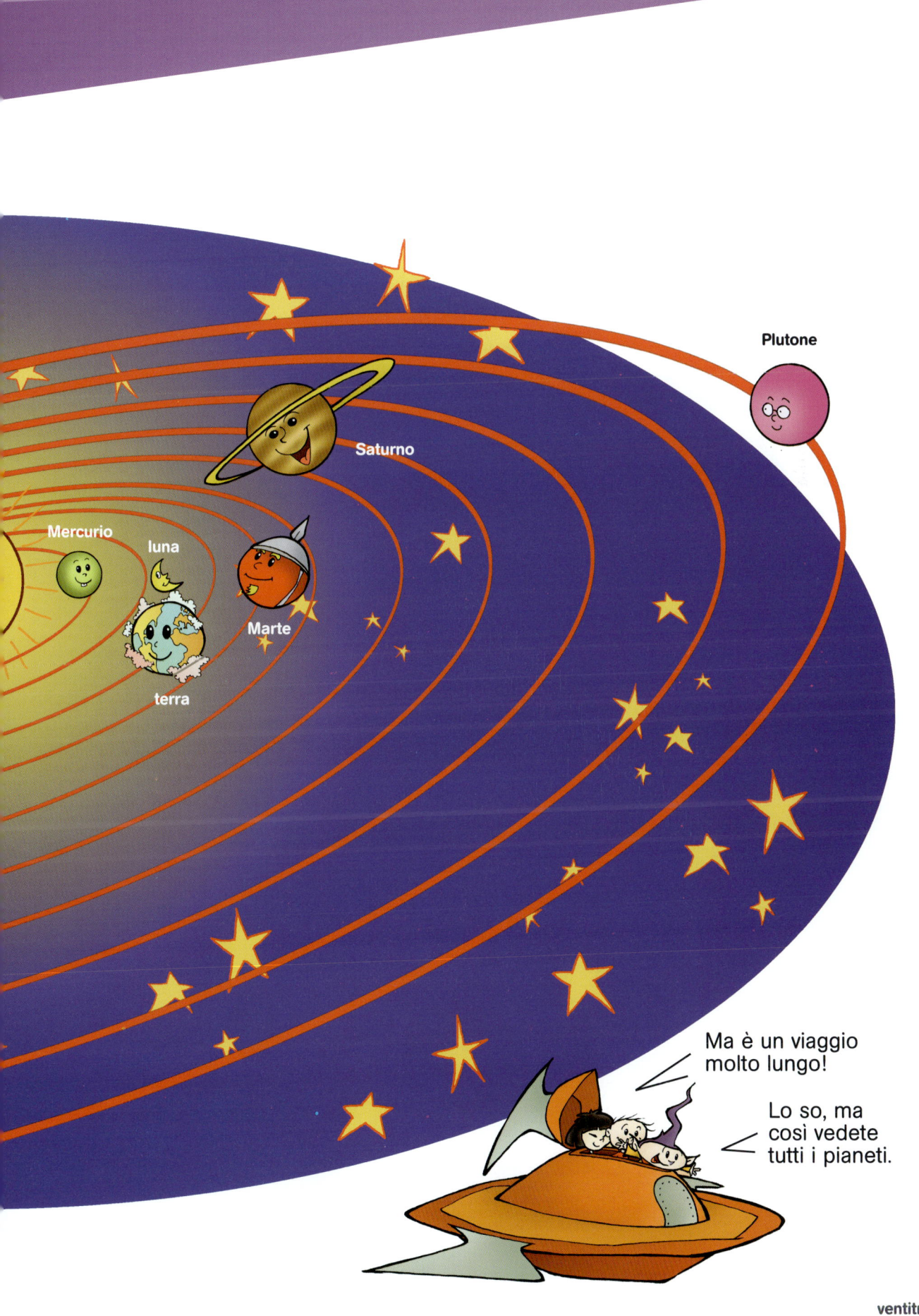

percorso 1

20 Giochiamo

21 Il dizionario illustrato

Apri le pagine I e II degli allegati.

GIOVE

22 Ascoltiamo una filastrocca

Venite a vedere.
Un'altra cesta!

tovaglia

tazza

forchetta

coltello

cucchiaino

tazzina

bicchiere

bottiglia

cucchiaio

tovagliolo

percorso 1

23 Giochiamo e scriviamo

```
T  B  T  O  V  A  G  L  I  O  L  O
A  I  G  T  O  V  A  G  L  I  A  C
Z  C  O  L  T  E  L  L  O  R  T  U
Z  C  X  V  O  B  T  B  C  T  A  C
I  H  O  E  A  C  E  S  T  A  Z  C
N  I  D  G  L  T  V  D  T  N  Z  H
A  E  X  B  F  P  E  G  T  B  A  I
C  R  V  F  O  R  C  H  E  T  T  A
D  E  B  O  T  T  I  G  L  I  A  I
C  S  C  U  C  C  H  I  A  I  N  O
```

A cosa serve?

Serve a mangiare.   Serve a bere.

....
....
....
....
....
....

E la cesta a cosa serve? ....

24 Il dizionario illustrato

Apri la pagina II degli allegati.

25 Ascoltiamo e scriviamo

Che cos'è?
È un registratore.
A cosa serve?
Serve a registrare le voci dei bambini. Senti qui i bambini di Blunasia.

Quando *ho guardato* fuori dalla finestra, *ho visto* il sole.

percorso 1

.... alle 8.30 e poi ....

Sono tornata

Ho camminato

sono uscito

Ho giocato

Mi sono messa

Ho incontrato

.... i guanti e la sciarpa.

.... nella neve.

.... nella neve.

.... in casa.

28 ventotto
girotondo / **percorso 1**

.... un tè.

Ho dimenticato

mi sono bagnata

Sono andato

Ho bevuto

Ho fatto

Mi sono alzato

.... al mare.

.... tanti amici nuovi.

.... il bagno.

.... l'ombrello e ....

percorso 1

26 Qual è la differenza?

Uffa! Il viaggio è lungo, perché non facciamo un gioco?

Sì, che bello!

Ascolta questo indovinello:
Si è svegliato alle otto.
Si è svegliato alle otto e un quarto.
Tutti e due si sono svegliati.
Ma qual è la differenza?

Il bambino .... alle 8.00.

.... colazione alle 8.15.

.... lo zaino con un quaderno, una penna e una matita.

.... di casa alle 8.30.

.... a scuola a piedi.

Alle 4 .... i compiti.

.... i denti alle 20.50.

.... a letto alle 21.00.

Pietro .... alle 8.15.

.... colazione alle 8.30.

.... lo zaino con un libro, un astuccio e un quaderno.

.... di casa alle 8.45.

.... a scuola in bicicletta.

Alle 4 .... la televisione.

.... i denti alle 21.45.

.... a letto alle 22.00.

percorso 1

27 Giochiamo ancora
Secondo te che cosa ha fatto?

Secondo me… ha giocato con i colori.

Secondo te, che cosa ha fatto Bianca?

28 Giochiamo

Secondo te, che cos'ha fatto?

il campionato dei ricordi / 1

1 Scriviamo

Che cos'ha fatto Togo?

1. Alle sette si è svegliato.

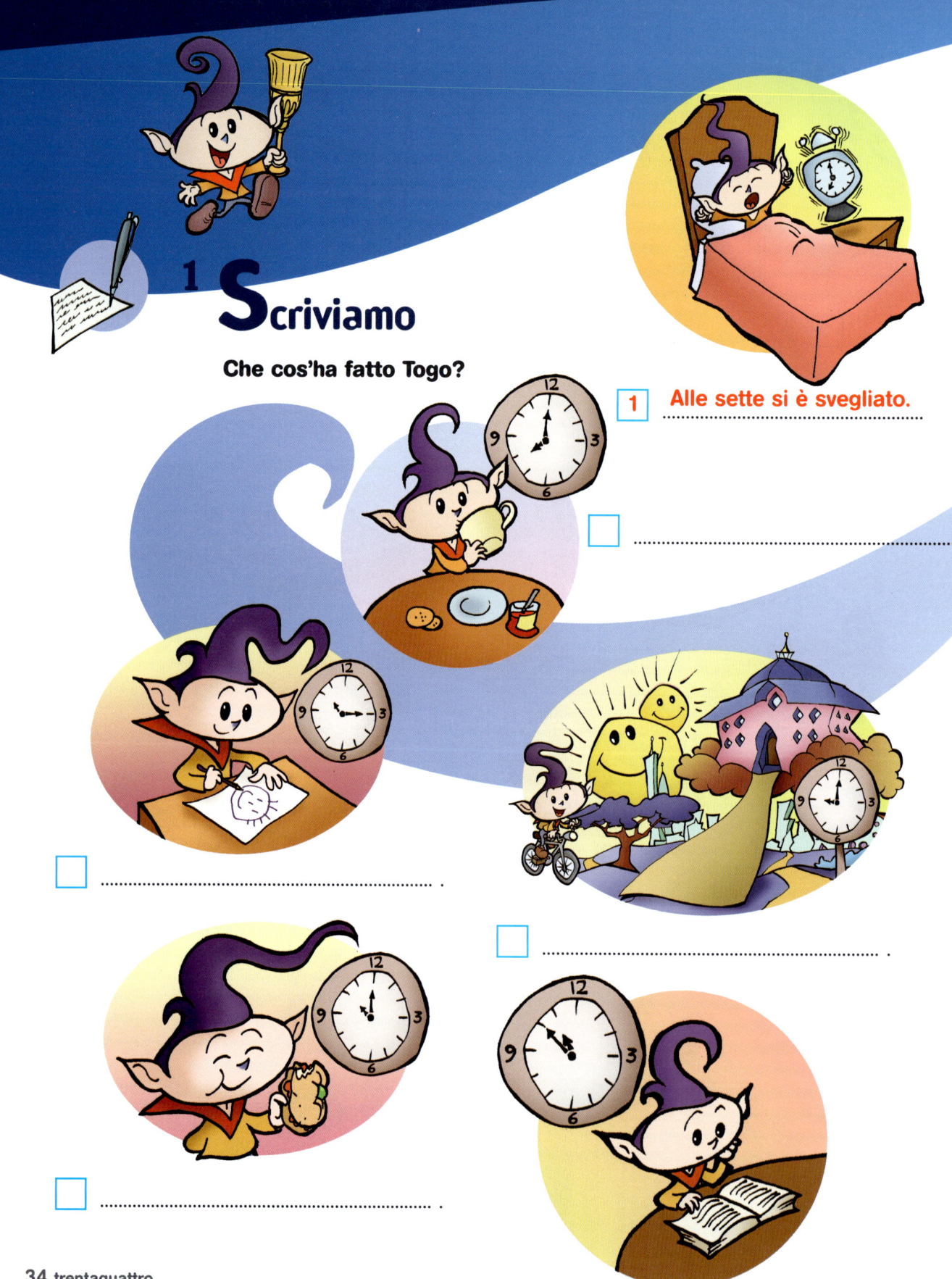

2 Com'è?

È un uomo **alto** e ....

È un bambino con gli occhi .... e i capelli ....

È una sciarpa .... e ....

È un cane .... con le orecchie ....

È una donna .... con i capelli .... e gli occhi ....

È un albero .... con le foglie ....

rossa, lunga, corti, azzurri, gialle, dritti, basso, magro, alta, alto, marroni, lunghe, grande

il campionato dei ricordi/1

3 Dov'è la penna?

Gira a destra.

4 La rana e il fiume

Apri le pagine III e IV degli allegati.

percorso 2

percorso 2

🎧 1 Ascoltiamo

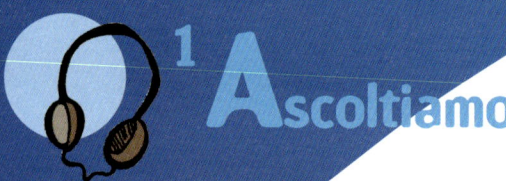

40 quaranta
girotondo / **percorso 2**

Pietro vuole andare... in farmacia. ☐
in pasticceria. ☐
in gelateria. ☐

Bianca vuole andare... in pizzeria. ☐
al ristorante. ☐
al cinema. ☐

I nonni di Pietro vogliono andare... in cartoleria. ☐
al supermercato. ☐
al mercato. ☐

Bianca vuole mangiare... una pizza. ☐
un gelato. ☐
una torta. ☐

percorso 2

²Cantiamo una canzone

percorso 2

 ³**D**ove devono andare?

 ⁴**G**iochiamo

	di fianco alla gelateria.	di fronte alla cartoleria.	di fianco al super-mercato.	di fianco al cinema.	di fianco al bar.	di fronte alla farmacia.	di fianco al mercato.	di fronte alla pizzeria.
La gelateria è								
La cartoleria è								
La pasticceria è								
Il bar è								
La farmacia è								
La pizzeria è								
Il ristorante è								
Il supermercato è								
Il cinema è								
Il mercato è								
La piscina è								
La banca è								

5 Di fronte o di fianco?

La pasticceria è .... alla farmacia.

La gelateria è .... al bar.

6 Giochiamo

cartoleriacinemafarmaciagelateriamercatopasticceriapizzeriaristorantesupermercatobarpiscinabanca

la **cartoleria** il ....
il .... il ....
il .... il ....
la .... la ....
la .... la ....
la .... la ....

percorso 2

 **7 Il dizionario illustrato**

Apri la pagina V degli allegati.

 **8 La mia grammatica**

 **9 Ascoltiamo**

	vero	falso
La mamma di Pietro vuole andare al cinema.	☐	☐
Pietro e Bianca vogliono andare con la mamma.	☐	☐
I nonni vogliono andare a casa.	☐	☐

10  Ascoltiamo una filastrocca

FRUTTA

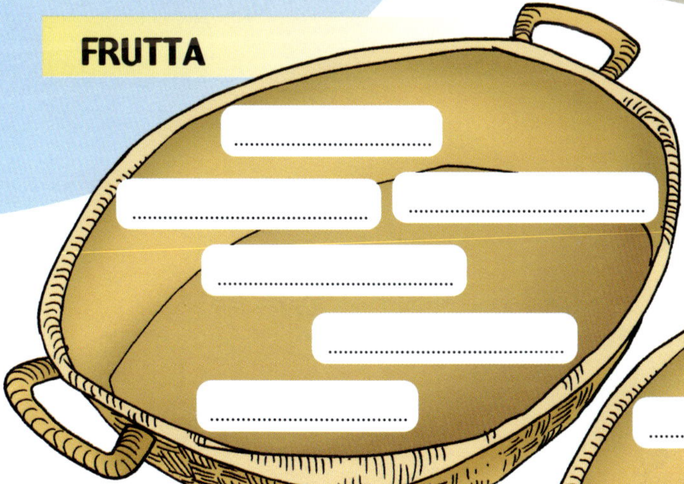

VERDURA

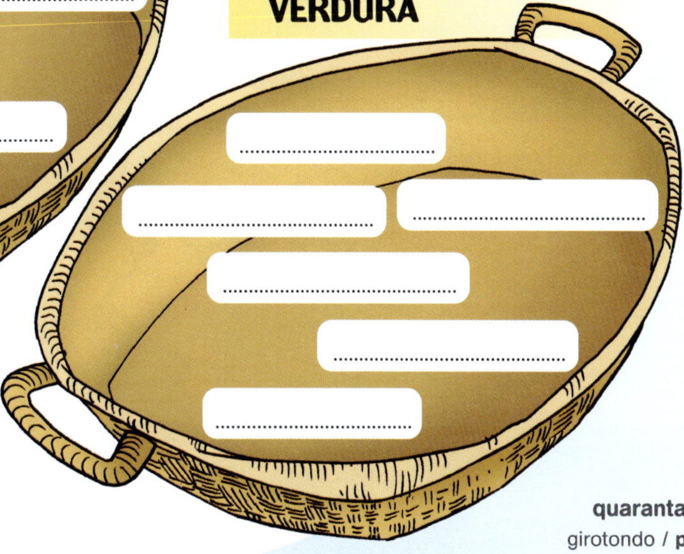

percorso 2

11 Ascoltiamo

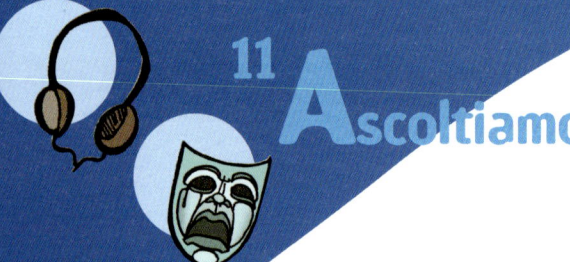

Mi dà, per favore, un chilo di mele?

Quant'è?
Sono ……. euro.

E l'uva quanto costa?

In tutto sono ……. euro.

12 Giochiamo

Mi dà, per favore, un chilo di mele?

13 Il dizionario illustrato

Apri la pagina VI degli allegati.

14 Scriviamo

.... bambini.
Voi che cosa ....?

Anch'io ho .... Che cosa .... mangiare?

Buongiorno.
.... 2 banane.

Io ....
una pianta e i nonni
che cosa vogliono?

percorso 2

2 arance.

Ecco una .... per te e 2 arance per i nonni.

pianta, buongiorno, fame, vogliono, volete, voglio, vogliamo, vuoi

LUI VUOLE
LEI VUOLE
VOLERE

LA MIA GRAMMATICA

15 La mia grammatica

# 16 Ascoltiamo una filastrocca

percorso 2

	Sì	No	Non lo sa
Pietro sa nuotare.	□	□	□
Bianca sa pattinare.	□	□	□
Pietro sa sciare.	□	□	□
Bianca sa danzare.	□	□	□

E tu che cosa sai fare?

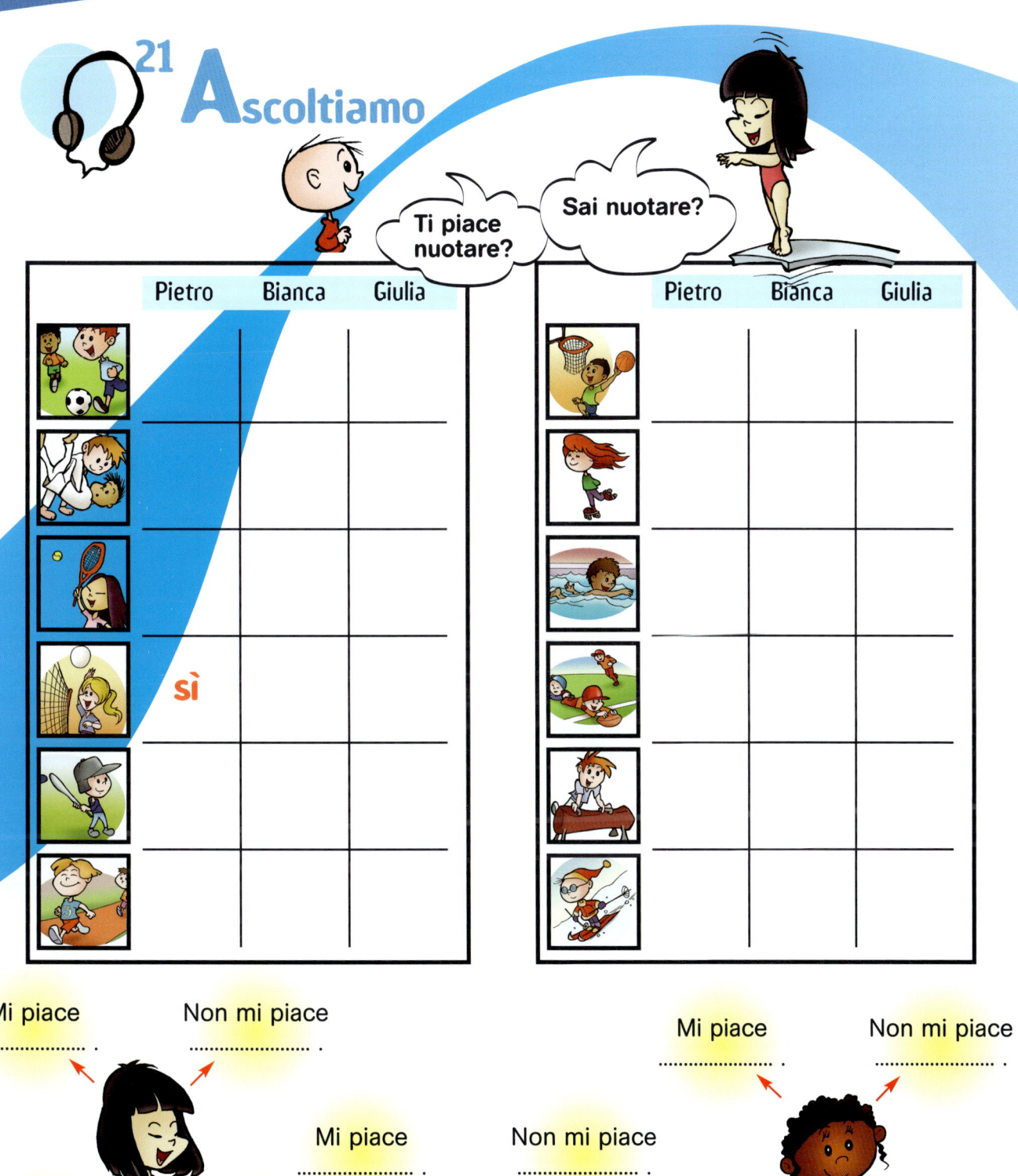

percorso 2

22 Facciamo un'intervista

	Mi piace...	Non mi piace...	So...	Non so...
Io				
Nome:				
Nome:				
Nome:				

23 Il mangiadrillo ha fame

Ho fame.

Vuoi mangiare? Ascolta ancora questa filastrocca.

NOI SAPPIAMO

SAPERE

24 La mia grammatica

LA MIA GRAMMATICA

25 Colleghiamo

Mi piace il judo.

Mi piace nuotare.

Tu sai giocare a pallacanestro.

Io so pattinare.

Voi sapete giocare a pallavolo.

Ti piace il rugby.

Lui sa fare ginnastica.

Lui sa giocare a baseball.

Noi sappiamo sciare.

Loro sanno giocare a calcio.

Mi piace correre.

Ti piace giocare a tennis.

percorso 2

26 Giochiamo

Qual è il segreto?

28 Ascoltiamo la radio

Bene, ascoltiamo la radio.

1. A Blunasia

☐ ha fatto molto caldo.
☐ ha fatto molto freddo.
☐ è nevicato.

2. Tutti

☐ sono andati al mare.
☐ sono andati a lavorare.
☐ sono rimasti in casa.

3. I bambini

☐ hanno giocato al parco.
☐ non sono andati a scuola.
☐ hanno studiato a scuola.

4. Molte persone

☐ sono andate in piscina.
☐ sono andate al ristorante.
☐ sono andate all'ospedale.

percorso 2

29 Ascoltiamo ancora

30  Cantiamo una canzone

	vero	falso
Bianca e Pietro vogliono partire.	☐	☐
La mamma di Bianca è contenta.	☐	☐
Togo e Cecilia hanno chiamato perché hanno fame.	☐	☐
Bianca e Pietro vogliono aiutare i loro amici.	☐	☐

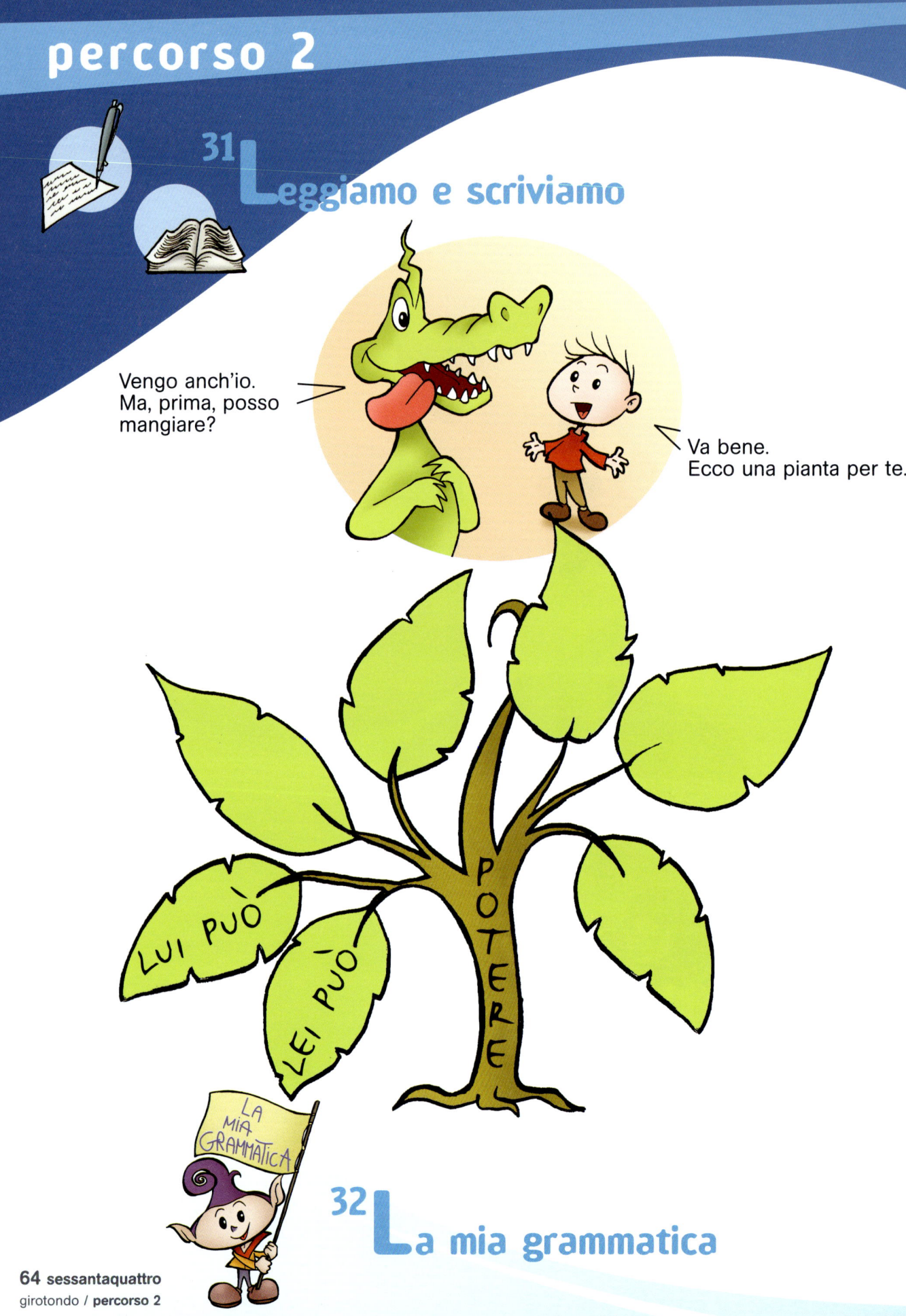

il campionato dei ricordi/2

1 Cerchiamo le parole

P	A	L	L	A	C	A	N	E	S	T	R	O
A	Q	E	R	G	O	B	G	K	C	G	U	L
T	D	D	C	S	R	F	G	O	I	F	G	H
T	E	N	N	I	S	O	P	L	T	G	B	N
I	A	S	D	F	A	Y	T	C	P	Y	Y	B
N	Q	A	B	A	S	E	B	A	L	L	G	F
A	D	F	G	H	J	K	L	L	G	L	U	N
G	I	N	N	A	S	T	I	C	A	R	O	U
G	A	S	D	F	G	H	J	I	R	E	E	O
I	V	J	U	D	O	D	F	O	S	A	S	T
O	D	F	G	P	A	L	L	A	V	O	L	O

il ....
la ....
la ....
la ....
il ....
la ....

il ....
il ....
il ....
il ....
il ....
lo ....

il campionato dei ricordi/2

2 Colleghiamo

Io so nuotare e allora　　　　　　ma hanno perso 3 a 2.
Tu sai sciare e　　　　　　　　　　abbiamo comprato una palla nuova.
Lei non sa pattinare e　　　　　　　e avete vinto il set.
Noi sappiamo giocare a calcio e allora　sei andato in montagna in inverno.
Voi sapete giocare a tennis　　　　　è caduta sul ghiaccio.
Loro sanno giocare a pallavolo　　　**sono andato al mare e ho fatto il bagno.**

3 Scriviamo

ttaaap
la ....

llcoiap
la ....

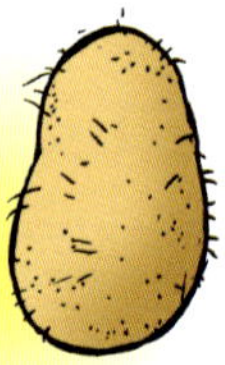

sniaalat 
l' ....

drmoopoo 
il ....

acrtoa
la ....

goiolaf
il ....

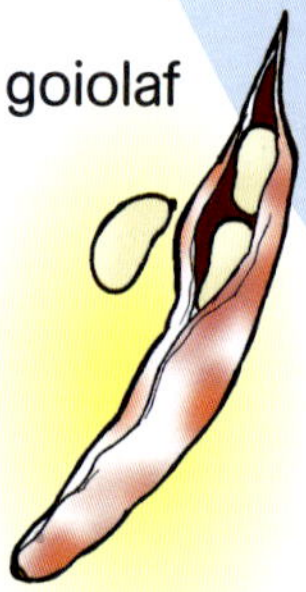

vau
l' ....

raep 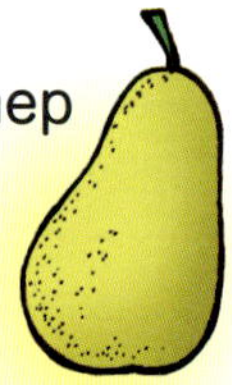
la ....

leam 
la ....

rnoicaa 
l' ....

nolmie 
il ....

anbaan 
la ....

66 sessantasei
girotondo / percorso 2

4 Dov'è Bianca?

1. Sono andato in .... a nuotare.
2. La mamma di Togo ha comprato due chili di mele al ....
3. Ieri sera abbiamo mangiato il pesce al ....
4. Bianca ha comprato un quaderno in ....
5. I nonni di Pietro hanno visto un film al ....
6. Ho preso le medicine in ....
7. Il papà di Bianca ha preso i soldi in ....
8. Pietro è andato a prendere un gelato in ....
9. La mamma di Bianca ha comprato il pane, una gonna, la frutta e la verdura al ....
10. Voi avete mangiato una pizza in ....
11. I nonni di Bianca hanno bevuto il caffé al ....

Bianca é in ....

5 La rana e il fiume

....

Apri le pagine IX e X degli allegati.

percorso 3

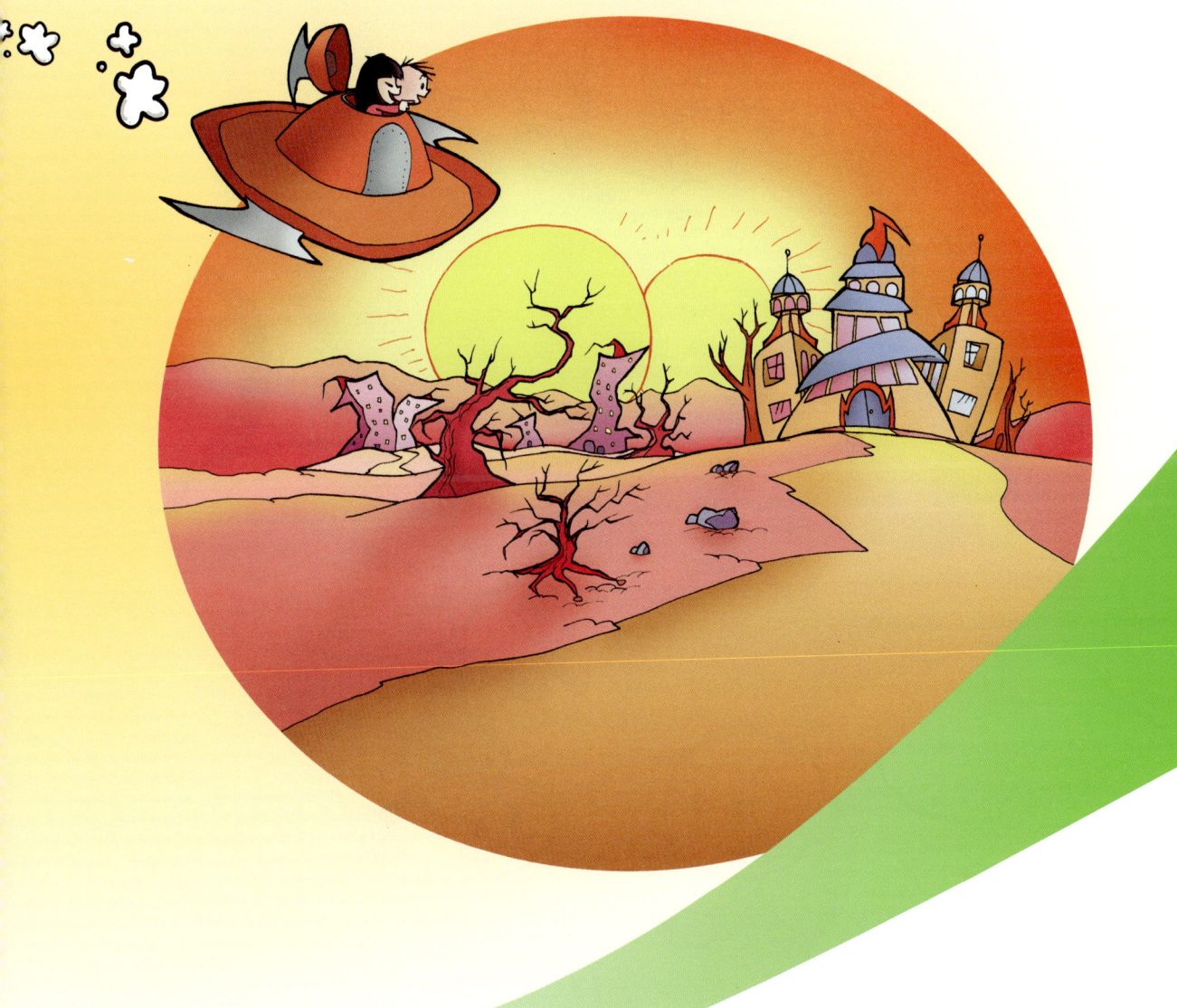

percorso 3

2 Ascoltiamo e cantiamo una canzone

1. Quando è partito Antonio?

☐ Dieci anni fa.
☐ Venti anni fa.
☐ Trenta anni fa.

2. Con che cosa è partito?

☐ Con un aereo.
☐ Con una nave.
☐ Con un'astronave.

3. Quanto tempo è durato il viaggio?

☐ Sette ore.
☐ Due ore.
☐ Otto ore.

4. Con chi è arrivato?

☐ Con la sua famiglia.
☐ Con sua figlia.
☐ Da solo.

5. Quando è arrivato?

☐ Alla sera.
☐ Alla mattina.
☐ Al pomeriggio.

percorso 3

³Completiamo

⁴Colleghiamo

Dove sei andato?
Come sei arrivato?
Con chi sei arrivato?
Quando sei arrivato?
Quanto tempo è durato il viaggio?

Sono andato in Italia.

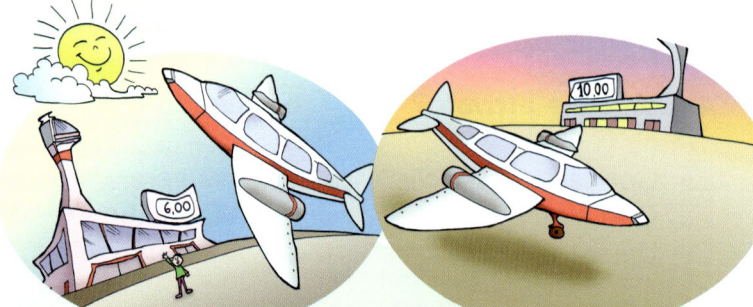

74 settantaquattro
girotondo / **percorso 3**

5 Completiamo

Quanto tempo è durato il viaggio?

Il viaggio è durato tre ore.

....

....

percorso 3

....

....

....

6 Facciamo un'intervista

Come sei arrivata? In aereo.

Nome:	Dove?	Come?	Con chi?	Quando?	Quanto?
Nome:					
Nome:					
Nome:					

7 Ascoltiamo e scriviamo

settantasette 77
girotondo / percorso 3

percorso 3

8 Ascoltiamo e scriviamo
Che cosa non va bene?

1. oggi ....
2. ....
3. ....
4. ....
5. ....

Che cosa ha detto Togo?
....

ARRIVATO OGGI CANTATO MANGIATO

9 Giochiamo

Che cosa non va bene?

mangiare   partire
ritornare   avere
cantare
dormire

cantato
partito   avuto
dormito   arrivato
mangiato

78 settantotto
girotondo / **percorso 3**

10 Leggiamo e scriviamo

2. Pietro è .... a scuola.

1. Togo ha .... la pasta.

3. Hai .... la tua camera?

4. Io ho .... tutto il giorno.

5. Tui sei .... tardi.

3. Io sono .... alle 8.

andare, dormito, venire, prendo, mangiato, ho, canta, colora, andato, voglio, volare, pulito, vengo, partito, domanda, arrivato, leggi, scrivi

percorso 3

11 Il mangiadrillo ha fame

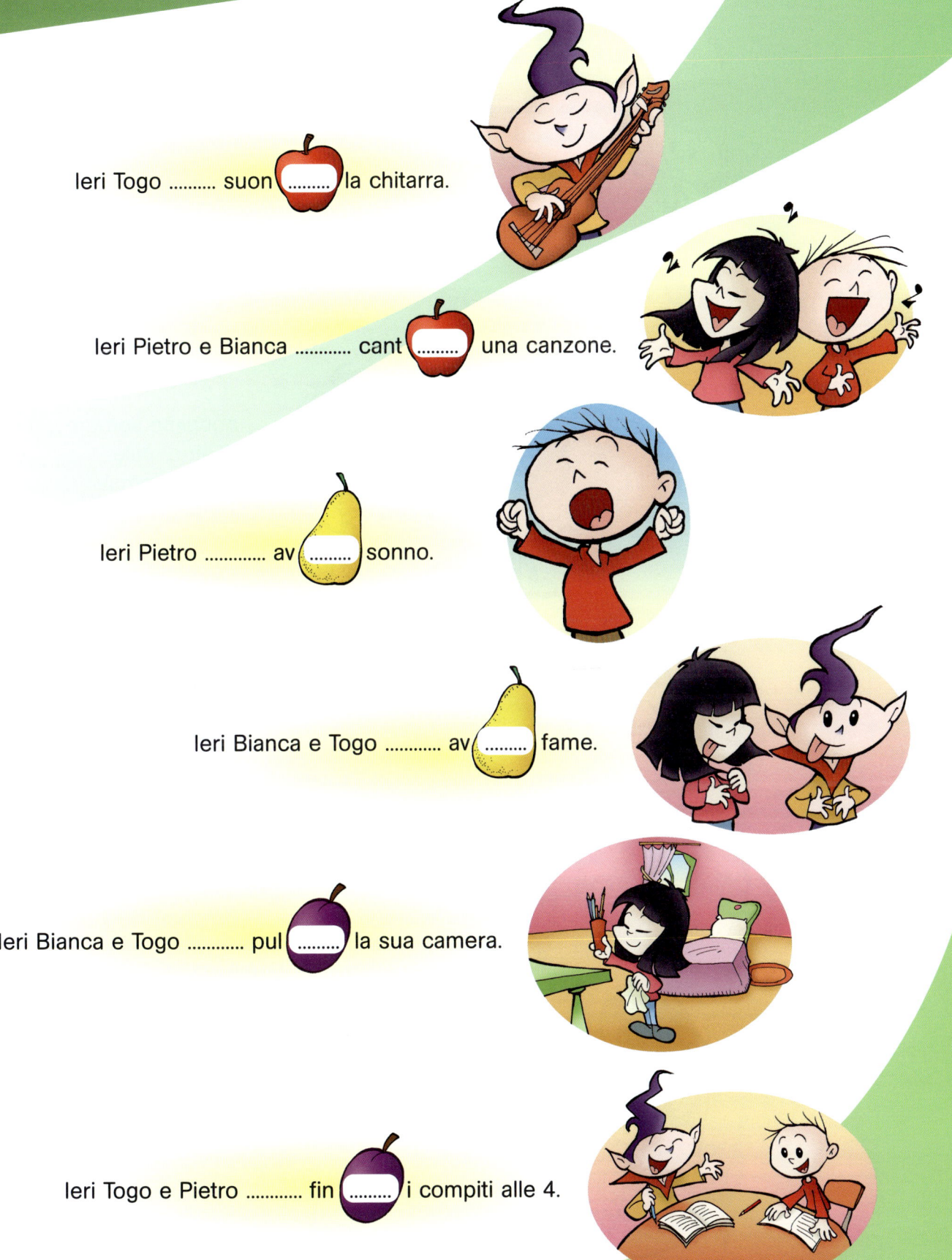

Ieri Togo .... suon......... la chitarra.

Ieri Pietro e Bianca .... cant......... una canzone.

Ieri Pietro .... av......... sonno.

Ieri Bianca e Togo .... av......... fame.

Ieri Bianca e Togo .... pul......... la sua camera.

Ieri Togo e Pietro .... fin......... i compiti alle 4.

14 Giochiamo

15 Colleghiamo

1

6

Ho il raffreddore.

Ho il mal di denti.

Ho il mal di testa.

Ho il mal di gola.

Ho la febbre.

Ho il mal di pancia.

2

5

3

4

percorso 3

16 Completiamo

Ciao Togo, che cos'hai?

....

Ciao Cecilia, che cos'hai?

....

Ciao Bianca, come stai?

....
....

Ciao Antonio, che cos'hai?

....

Ciao Pietro, come stai?

....
....

17 Il dizionario illustrato

Apri la pagina XIII degli allegati.

18 Ascoltiamo

	vero	falso
1. A Blunasia hanno molto cibo.		
2. La famiglia di Antonio sta male.		
3. Pietro e Bianca hanno portato tante cose.		
4. Pietro e Bianca hanno sentito la notizia alla televisione.		

percorso 3

19 Cantiamo una canzone

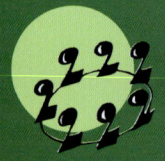

20 Giochiamo

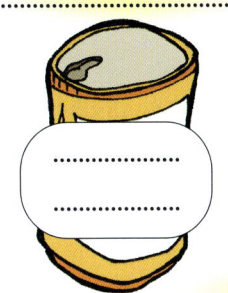

Un vasetto di...

Una bottiglia di...

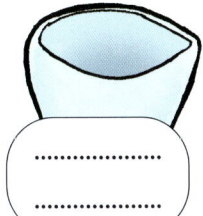

Un bicchiere di...

Un pacchetto di...

Una lattina di...

Una tazza di...

Una tazzina di...

 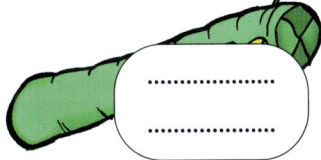 

21 Facciamo la spesa

22 Il dizionario illustrato

Apri la pagina XIV degli allegati.

percorso 3

23 Ascoltiamo

Che cosa piace a Togo?

24 Che cosa dice Togo?

Mi piace	Non mi piace	Mi piacciono	Non mi piacciono

25 E a te che cosa piace?

Mi piace

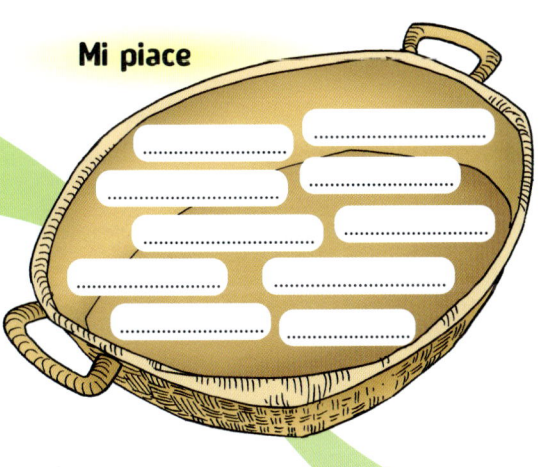

Non mi piace

Mi piacciono

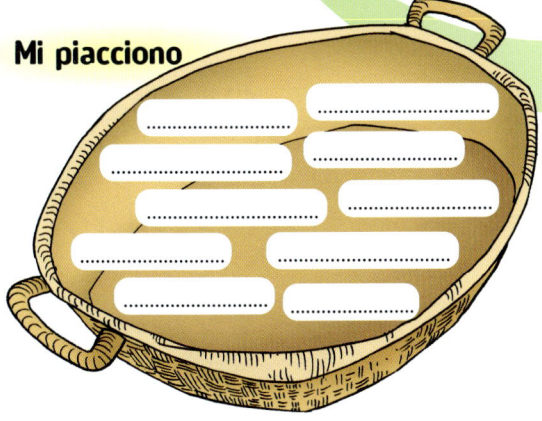

Non mi piacciono

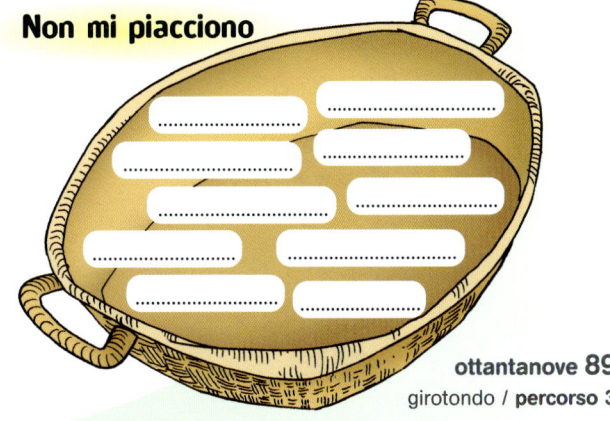

percorso 3

26 Ascoltiamo una filastrocca

Mi piace il cioccolato.
Quanto costa? Quanto costa?
3 euro.

Mi piacciono i biscotti.
Quanto costano? Quanto costano?
5 euro.

Mi piace la pizza.
Quanto costa? Quanto costa?
6 euro.

Mi piacciono le banane.
Quanto costano? Quanto costano?
4 euro.

Ho finito, ora vado.
Quanto pago? Quando pago?
18 euro.

27 Scriviamo una filastrocca

....
....
....

....
....
....

....
....
....

....
....

....
....
....

28 La mia grammatica

il campionato dei ricordi/3

1 Scriviamo la domanda

.... — Venti anni fa.

.... — In astronave.

.... — Otto ore.

.... — Con la mia famiglia.

.... — Alla sera.

²Completiamo il cruciverba

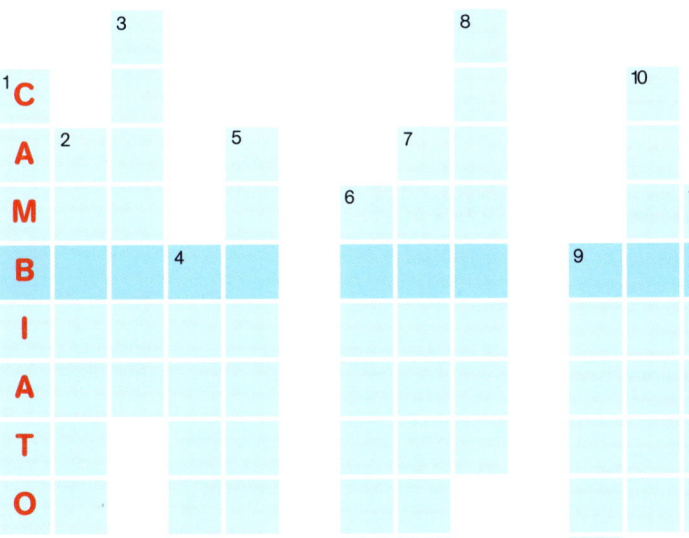

1. **Cambiare.**
2. Partire.
3. Cantare.
4. Volare.
5. Giocare.
6. Chiamare.
7. Viaggiare.
8. Mangiare.
9. Finire.
10. Arrivare.
11. Andare.
12. Dormire.
13. Saltare.
14. Colorare.

³Che cos'ha Togo?

Ha il mal di denti. ....

....

il campionato dei ricordi / 3

4 Cerchiamo le parole

il **dente**   la ....
il ....   la ....
il ....   la ....
il ....   la ....
il ....   la ....
il ....
il ....

A	X	V	D	E	N	T	E	V
C	C	P	Z	C	B	S	K	I
Q	D	A	G	S	R	C	L	S
G	I	N	O	C	C	H	I	O
O	T	C	M	O	U	I	N	J
L	O	I	I	L	O	E	G	L
A	G	A	T	L	R	N	U	Q
S	Z	Q	O	O	E	A	A	S
S	P	A	L	L	A	B	D	T

5 La rana e il fiume

Apri le pagine XV e XVI degli allegati.

percorso 4

percorso 4

1 Ascoltiamo e cantiamo una canzone

percorso 4

I bambini vengono

☐ da tutto il mondo.
☐ dall'Africa.
☐ dall'Europa.
☐ dall'America.

Pierre è

☐ inglese.
☐ francese.
☐ tedesco.
☐ spagnolo.

Romina è

☐ canadese.
☐ brasiliana.
☐ argentina.
☐ svizzera.

Feng è

☐ giapponese.
☐ cinese.
☐ filippina.
☐ russa.

Hedia è

☐ tunisina.
☐ marocchina.
☐ algerina.
☐ egiziana.

²Ascoltiamo e scriviamo

Antonio — Lui è ……………… .

Jean — Lui è ……………… .

Izumi — Lei è ……………… .

Diop — Lui è ……………… .

Lena — Lei è ……………… .

Sarah — Lei è ……………… .

# 4 Colleghiamo: maschile o femminile?

russo
brasiliana
australiana
svedese
indiano
francese
spagnola
tedesco
svizzera
argentino
canadese

# 5 Scriviamo

È un bambino ...., ..., ... e ....

È una bambina ...., ..., ... e ....

cinese, triste, cinese, alto, magra, grasso, felice, bassa

# 6 La mia grammatica

centotré 103
girotondo / percorso 4

percorso 4

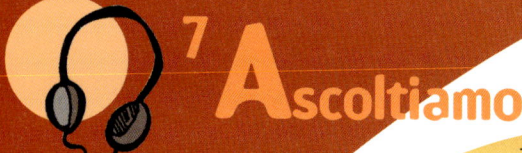 ## 7 Ascoltiamo

Chi sono?	Perché sono a Blunasia?

Scienziati   Dottori   Maestri   Studenti

Per cercare il tesoro.   Per risolvere il problema.   Per cercare Bianca e Pietro.

 ## 8 Ascoltiamo una filastrocca

vero falso

1. Gli scienziati sono di Blunasia.
2. In campagna c'è la sabbia.
3. L'erba è verde.
4. Gli alberi hanno le foglie.
5. La terra e i sassi sono crepati.
6. Gli scienziati sono venuti con il treno.
7. Le nuvole hanno enormi buchi.
8. A Blunasia ci sono poche astronavi.
9. Gli scienziati conoscono la soluzione.
10. La soluzione è un segreto.

percorso 4

9 Ascoltiamo
Che cosa non va bene?

10 Troviamo la rima

masso
....

acerba
....

voglia
....

aperto
....

serra
....

rabbia
....

montagna
....

canta
....

campagna
foglia
pianta
deserto
sasso
erba
sabbia
terra

11 Ascoltiamo

Prima abbiamo guardato il vostro pianeta con il telescopio

e dopo siamo venuti più vicino con le astronavi.

Abbiamo visto che ………………… è tutta bruciata.

………………… è diventata nera

e ………………… è secca.

Adesso c'è solo …………………

percorso 4

e da lontano Blunasia sembra ....

Siamo tornati a casa e abbiamo parlato con le persone di tutto il mondo.

Prima abbiamo incontrato i genitori

e dopo abbiamo parlato con i bambini.

Insieme abbiamo deciso di partire. Dobbiamo salvare Blunasia. Guardate questa .... :

ha solo ....

Senti questo .... : è caldissimo.

girotondo / percorso 4

12 Colleghiamo e scriviamo
Che cosa hanno fatto?

....

....

....

....

....

....

13 Giochiamo

Prima ha dormito e dopo ha mangiato.

percorso 4

14 Ascoltiamo e scriviamo

E voi perché .... ?

Io .... perché voglio aiutare i bambini di Blunasia.

Noi .... perché abbiamo visto che qui è troppo caldo. Dobbiamo risolvere il problema.

Io .... perché conosco il problema di Blunasia.

15 Il mangiadrillo ha fame

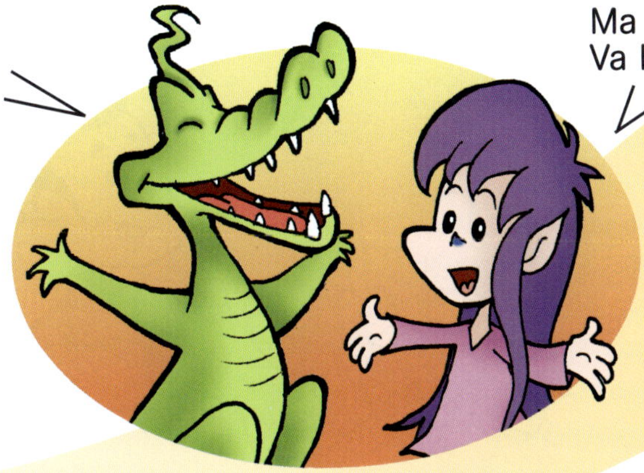

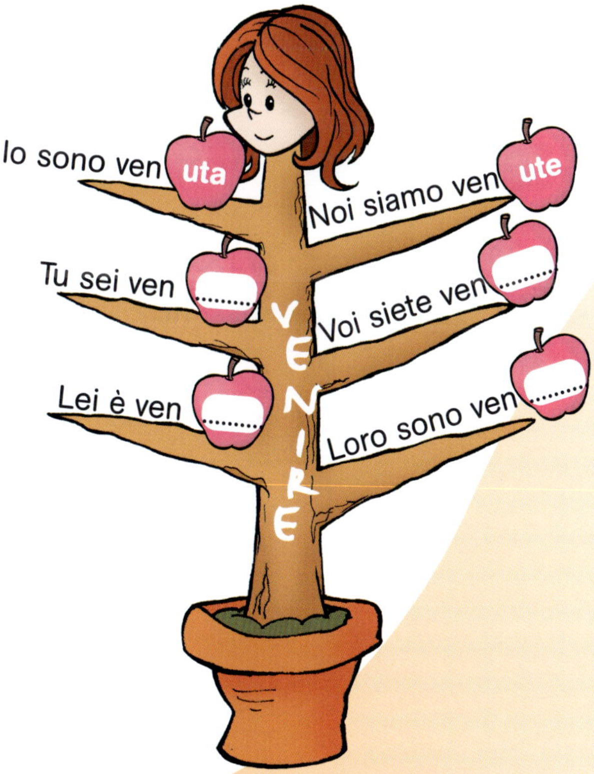

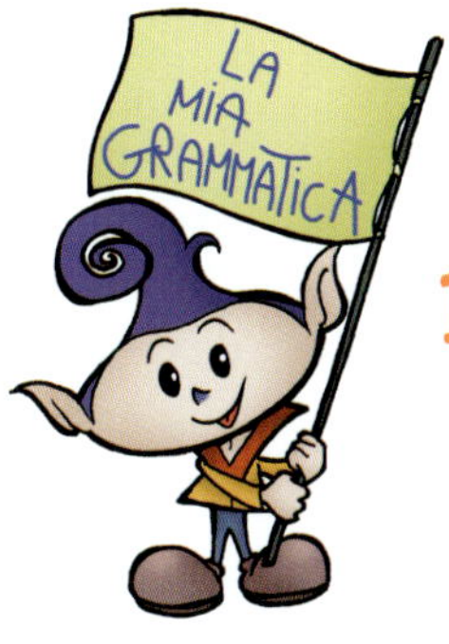

Io sono venuto perché ho fame.

Ma non è possibile! Va bene. Vieni!

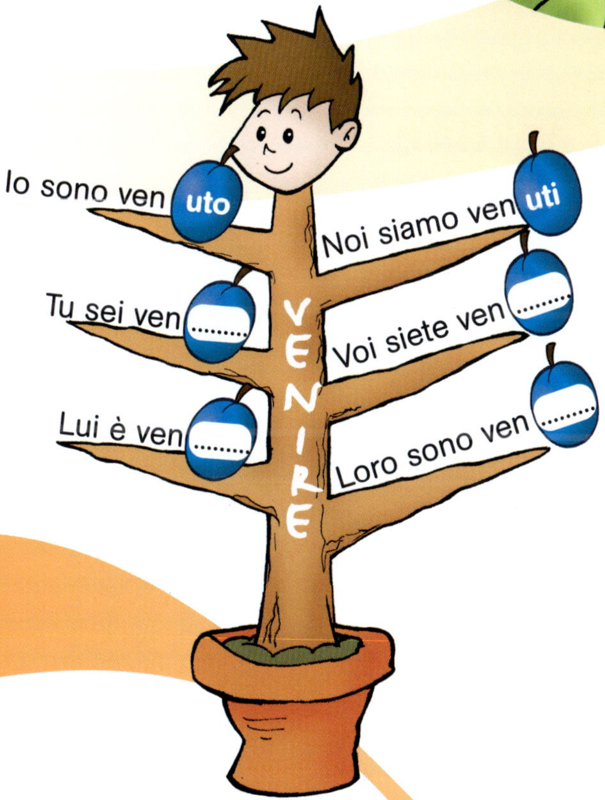

Io sono ven**uto** — Noi siamo ven**uti**
Tu sei ven......... — Voi siete ven.........
Lui è ven......... — Loro sono ven.........

VENIRE

Io sono ven**uta** — Noi siamo ven**ute**
Tu sei ven......... — Voi siete ven.........
Lei è ven......... — Loro sono ven.........

VENIRE

16 La mia grammatica

percorso 4

17 Ascoltiamo

18 Cantiamo una canzone

1. Perché a Blunasia la terra è nera e l'erba è secca?

☐ Perché è molto freddo.
☐ Perché non c'è acqua.
☐ Perché piove sempre.

2. Perché le nuvole sono rotte?

☐ Perché ci sono troppe astronavi.
☐ Perché ci sono troppi aerei.
☐ Perché ci sono troppe automobili.

3. Perché le nuvole sono bucate?

☐ Perché la pioggia ha bucato le nuvole.
☐ Perché il sole è freddo.
☐ Perché il fumo caldo ha bruciato le nuvole.

4. Perché tutto è nero?

☐ Perché i raggi del sole bruciano le case.
☐ Perché i raggi del sole bruciano la terra.
☐ Perché i raggi del sole non arrivano sulla terra.

percorso 4

19 Leggiamo e scriviamo

Perché gli scienziati e i bambini sono andati a Blunasia?

Perché Bianca e Pietro sono andati a Blunasia?

Perché vogliono salvare Blunasia .

Perché l'erba è secca?

Perché ....

Perché le nuvole sono bucate?

Perché ....

Perché ....

> il fumo è troppo caldo e sporco, vogliono aiutare Togo e Cecilia, non c'è acqua, vogliono salvare Blunasia

E allora, che cosa possiamo fare?

20 La mia grammatica

21 Che cosa possiamo fare?

percorso 4

Mio caro Pietro, la terra è lontana
e qui a Blunasia l'acqua è finita.
Possiamo viaggiare una settimana
ma non possiamo per tutta la vita.

Mia cara Bianca, distruggere no.
Tutte le astronavi qui sono importanti.
Cambiamo il fumo, questo si può.
Astronavi pulite, stelle brillanti.

Non sono d'accordo con Togo che vuole
costruire nel cielo un grande ombrello.
Salviamo le nuvole, salviamo il sole
e così avremo un cielo più bello.

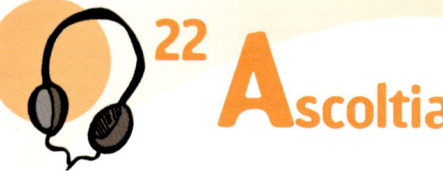 22 **Ascoltiamo**

1. Chi vuole incontrare lo scienziato?

☐ Il signor Fumone.
☐ La signora Fumone.
☐ Togo.

2. Che cosa fa il signor Fumone?

☐ Vende aerei.
☐ Costruisce astronavi.
☐ Costruisce treni.

3. Dov'è la cabina telefonica?

☐ È dietro alla scuola.
☐ È di fronte alla scuola.
☐ È di fianco alla scuola.

4. Che cosa vuole lo scienziato?

☐ Vuole un appuntamento.
☐ Vuole comprare un'astronave.
☐ Vuole andare a Blunasia.

5. Dove si incontrano?

☐ A casa dello scienziato.
☐ Nell'ospedale di Blunasia.
☐ Nella ditta Astroveloce.

6. A che ora si incontrano?

☐ Alle dieci e un quarto.
☐ Alle nove.
☐ Alle otto.

percorso 4

23 Ascoltiamo e scriviamo

Chi sono?	Dove vanno?	Quando?	Dove si incontrano?	A che ora?

24 Giochiamo

il campionato dei ricordi / 4

1 Completiamo il cruciverba

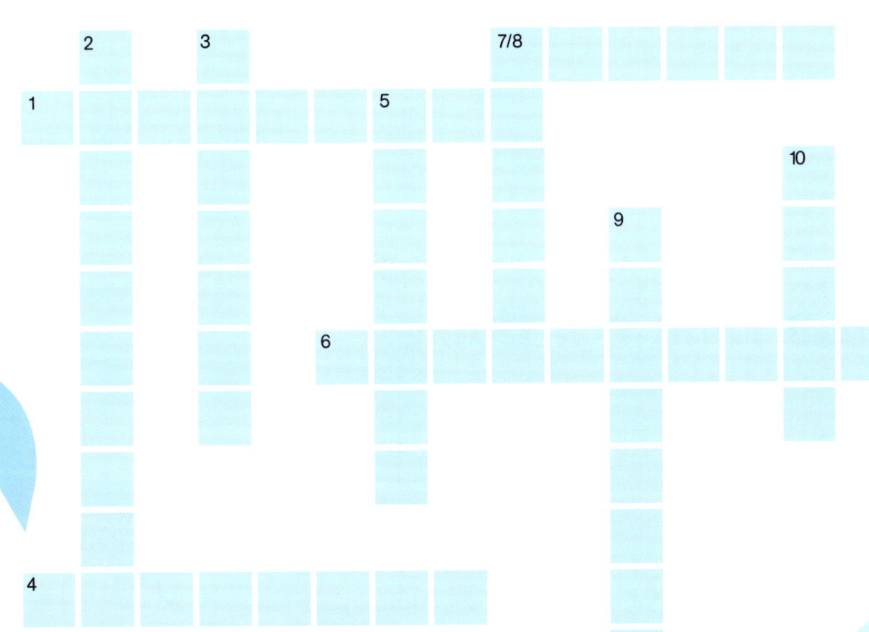

1. Carlos e Carina vengono dall'Argentina. Sono …
2. Maria viene dal Brasile. È …
3. Detlev viene dalla Germania. È …
4. Tony viene dal Canada. È …
5. Patricia viene dall'Inghilterra. È …
6. Diop e Modou vengono dal Senegal. Sono …
7. Xiao Lan viene dalla Cina. È …
8. Isabela viene dal Cile. È …
9. Pierre viene dalla Francia. È …
10. Elena viene dalla Russia. È …

il campionato dei ricordi/4

² Cerchiamo le parole

C	A	M	P	A	G	N	A	X
D	D	S	I	X	Q	Z	A	P
E	E	S	A	B	B	I	A	R
S	R	A	N	X	F	T	S	G
E	B	Z	T	E	R	R	A	F
R	A	X	A	E	F	T	S	R
T	S	R	T	F	X	W	S	A
O	F	O	G	L	I	A	O	N

la **campagna**
il ....
il ....
la ....
la ....
la ....
il ....
la ....

³ La rana e il fiume

....

Apri le pagine XVIII e XIX degli allegati.

percorso 5

percorso 5

1 Ricordiamo

È vietato andare in bicicletta.

È vietato entrare in casa.

È vietato saltare sul letto.

È vietato mangiare la torta.

È vietato entrare nell'astronave.

È vietato giocare a palla.

2 Ascoltiamo

percorso 5

	vero	falso
1. È vietato suonare il campanello.	☐	☐
2. Si può sporcare il pavimento dell'ingresso.	☐	☐
3. Si può restare al pianoterra.	☐	☐
4. Si può andare al primo piano.	☐	☐
5. È vietato andare al secondo piano.	☐	☐
6. È vietato prendere l'ascensore.	☐	☐
7. È vietato salire le scale.	☐	☐
8. È vietato andare all'ultimo piano.	☐	☐

3 Ascoltiamo e cantiamo una canzone

Ma perché è vietato tutto?

Perchè la fabbrica è anche la casa del sig. Fumone. Lui abita qui.

percorso 5

4 Giochiamo

percorso 5

5 Giochiamo

Si può guardare qui?
Sì, si può.

Si può guardare qui?
No, è vietato. Prima si deve rispondere a una domanda.

6 Disegniamo e scriviamo

....
....
....
....
....
....
....
....

7 Il dizionario illustrato

Apri la pagina XX degli allegati.

8 La mia grammatica

9 Ascoltiamo

10 Ascoltiamo una filastrocca

percorso 5

	vero	falso
1. Le astronavi sono piccole e veloci.		
2. Le piante sono gialle.		
3. I fiumi sono secchi.		
4. I cieli adesso sono verdi.		
5. Le foglie sono bruciate.		

11 Scriviamo
Prima com'erano? Adesso come sono?

Prima le piante erano .... Adesso le piante sono ....

Prima i prati erano .... Adesso i prati sono ....

Prima i cieli erano .... Adesso i cieli sono ....

Prima le foglie erano .... Adesso le foglie sono ....

azzurri, secche, neri, bruciate, verdi, rossi, verdi, colorate

percorso 5

12 Colleghiamo

macchine	gialle
piante	alte
gelati	**rosse**
fiori	rossi
pomodori	grandi
banane	colorati
bambini	piccoli
supermercati	buoni

13 Troviamo le differenze

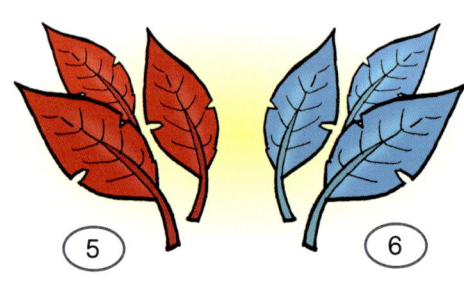

percorso 5

15 La scatola magica

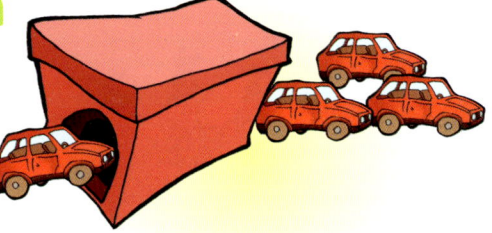

Entra una macchina rossa.
Escono tre macchine rosse.

Entra un gatto nero.
Escono due gatti neri.

Entra una macchina verde.
Escono due macchine verdi.

Entra una gatto marrone.
Escono due gatti marroni.

L'albero verde.	Gli ....
L'albero giallo.	Gli ....
La gallina rossa.	Le ....
La gallina marrone.	Le ....
Il cane marrone.	I ....
Il cane nero.	I ....
La nave grande.	Le ....
La nave piccola.	Le ....

16 La mia grammatica

17 Ascoltiamo una filastrocca

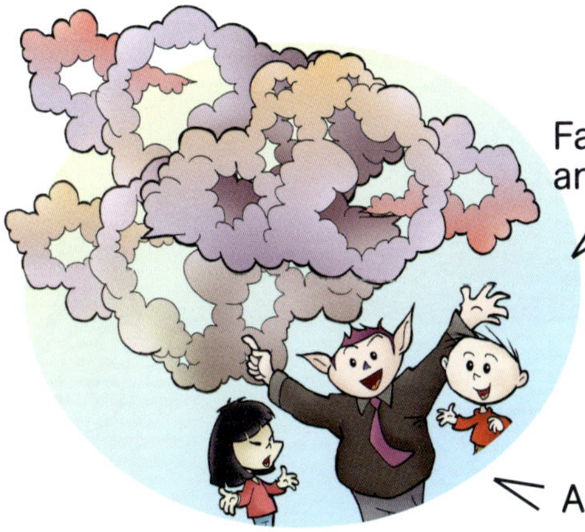

Allora qual è la soluzione?

Facciamo nuove astronavi e andiamo a riparare le nuvole.

Ma come?

Ascoltate.

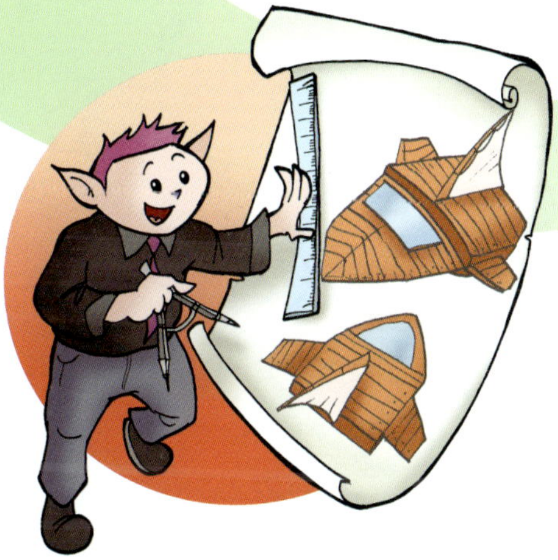

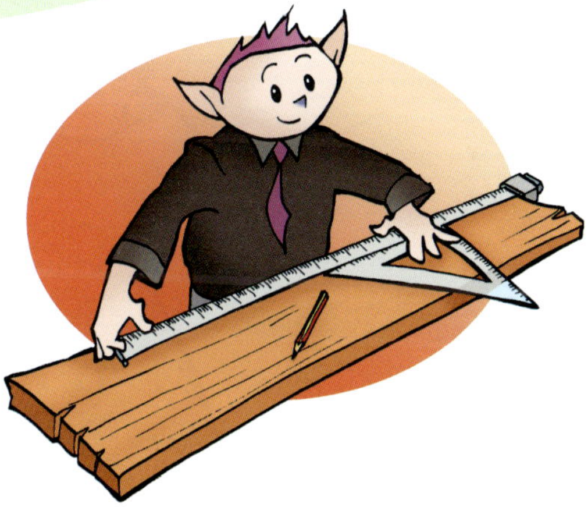

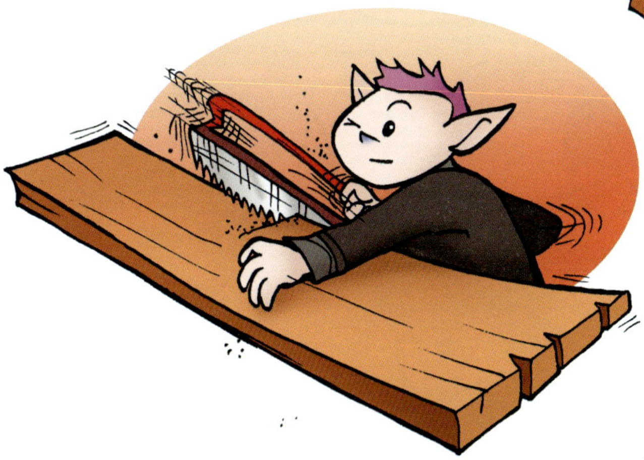

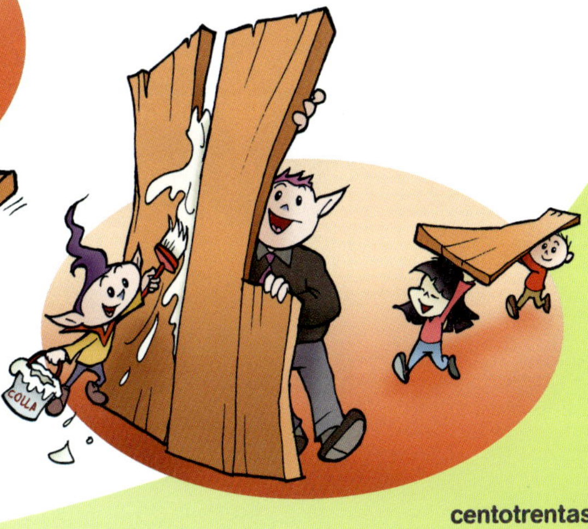

percorso 5

138 centotrentotto
girotondo / **percorso 5**

18 Leggiamo e indoviniamo

Si può fare con la tela.

Si taglia con la forbice.

Si cuce con l'ago.

Si misura con il metro.

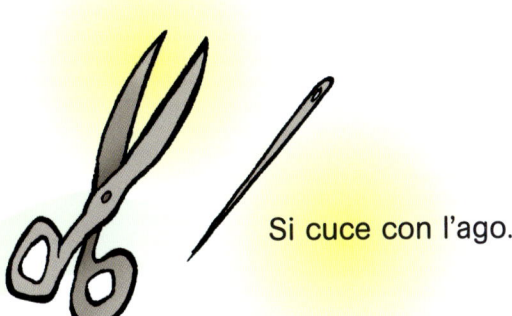

Che cos'è?

Si inchioda con il martello.

Si può fare con il legno.

Si pittura con la vernice.

Si taglia con la sega.

Si mette in casa.

Che cos'è?

Si misura con il metro.

percorso 5

19 Disegniamo

Come si fa?

1. ....
2. ....
3. ....
4. ....
5. ....
6. ....
7. ....
8. ....

20 Che cosa dice Bianca?

il .... compasso

21 Il dizionario illustrato

Apri la pagina XXI degli allegati.

percorso 5

22 Giochiamo: siamo tutti attori!

Scienziato:
La .... astronave, la .... astronave,
la .... astronave.
No, bambini, no! Lavoriamo tutti insieme. Il .... martello
è anche il .... martello ed è anche il .... martello!
Dobbiamo salire in cielo e riparare le nuvole.
Questo è il problema. E allora, quando c'è
un grande problema, sapete che cosa succede?
Succede che il .... problema è anche
il .... problema ed è anche
il .... problema.
È il problema di tutti!

Fumone:
Il ...., il, ..., il ...., la ....,
la ...., la .... Basta parlare.
Silenzio e lavorate.
Costruiamo le astronavi a partiamo.

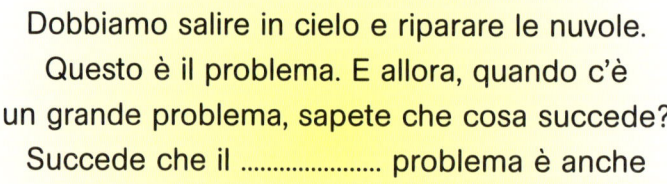

23 La mia grammatica

24 Ascoltiamo una filastrocca

Ascolta e leggi questa filastrocca:

Certo, Togo, è diverso.
E perché? Io non lo dico.
Però faccio qualche esempio,
poi vediamo se hai capito.

Lo scienziato e lo studente
come il sasso, il succo e il sole
hai ragione, hanno la "s",
però, attento alle parole.

Pensa tu ad altre parole,
ad esempio, guarda il secchio,
anche questa ha la "s"
ma non è come lo specchio.

Qui non è la prima lettera
la cosa più importante.
Quando hai "lo", dopo la "s"
trovi un'altra ....

E poi "lo" tu l'hai già visto
e più volte, dico io.
Il fratello della mamma,
ti ricordi? È ....

Quando tu fai colazione
e il latte è un po' amaro.
Cosa metti dentro il latte?
Ma ...., è chiaro.

Guarda un po' queste parole
e sei vicino alla meta.
Dopo "lo" non c'è la "s".
Tutte iniziano con "............"

percorso 5

25 Ascoltiamo e scriviamo con la scatola magica

il sasso → i sassi

lo scienziato → gli scienziati

26 La mia grammatica

27 Ascoltiamo

1. Le astronavi sono
- ☐ piccole e pesanti.
- ☐ grandi e leggere.
- ☐ piccole e leggere.

2. Le astronavi possono portare solo
- ☐ 110 Kg.
- ☐ 100 Kg.
- ☐ 120 Kg.

3. Sull'astronave possono salire
- ☐ tre o quattro bambini.
- ☐ due o tre bambini.
- ☐ uno o due bambini.

4. Le astronavi sono
- ☐ basse.
- ☐ alte.
- ☐ grosse.

5. Sulle astronavi
- ☐ tutti stanno in piedi.
- ☐ i bambini stanno in piedi.
- ☐ i grandi stanno in piedi.

percorso 5

28 Ascoltiamo e giochiamo

Quanto pesa? ....
Quanto è alto? ....

Quanto pesa? ....
Quanto è alta? ....

Quanto pesa? ....
Quanto è alta? ....

E tu quano pesi? Quanto sei alto?

	Peso	Altezza
Bianca	26	1,25
Togo	32	1,36
Cecilia	28	1,26

Peso	Altezza
....	....
....	....
....	....

Peso	Altezza
....	....
....	....
....	....

Peso	Altezza
....	....
....	....
....	....

146 centoquarantasei
girotondo / percorso 5

29 Cantiamo una canzone

Ma com'è bello .... nel cielo.
Tutti in silenzio, spinti dai venti.
Senza rumore, noi siamo ....
Senza motore, senza fumo nero.

Guarda che roba, è tutta ....
Ma dov'è l'ago? Dobbiamo cucire.
C'è anche il filo, ... finire
tutto il lavoro in una mattinata.

Forza ragazzi, ora lavoriamo.
Cuciamo bene. .... in fretta.
Guarda che nuvola. È quasi perfetta.
Se siamo ...., tra poco finiamo.

Una .... ancora, una nuvola cucita.
Ora andiamo tutti a casa, l'avventura è ....

Il cielo è a posto, Blunasia è protetta.
E le .... non sporcano più.
Possiamo volare nel cielo o più su.
È come viaggiare in ....

È tutto a posto e siamo ....,
ma c'è qualcosa che dobbiamo dire:
ora che la .... sta per finire
dobbiamo lasciare i nostri amici.

Siamo sicuri che ci rivedremo.
Questa .... deve proseguire.
È così bello che non può finire.
Un .... o l'altro ci rivedremo.

Una nuvola ancora, una nuvola cucita,
Ora andiamo tutti a casa, l'avventura è finita.

centoquarantasette 147
girotondo / percorso 5

il campionato dei ricordi/5

1 Che cosa è vietato fare?

²Lanciamo la palla

case / piccole

³Troviamo le parole

U	L	T	I	M	O	P	I	A	N	O
X	A	B	D	F	G	I	I	R	G	P
S	H	A	G	C	Z	A	N	Q	C	R
C	K	L	J	A	M	N	G	F	A	I
A	S	C	E	N	S	O	R	E	N	M
L	R	O	X	C	Z	T	E	T	T	O
E	A	N	M	E	N	E	S	V	I	P
O	P	E	L	L	G	R	S	D	N	I
C	D	V	B	L	E	R	O	F	A	A
Q	S	D	G	O	J	A	K	L	Y	N
W	C	A	M	P	A	N	E	L	L	O
K	P	A	V	I	M	E	N	T	O	N

l' ....
il ....
il ....
il ....
la ....
l' ....
il ....
il ....
il ....
le ....
il ....
l' ....

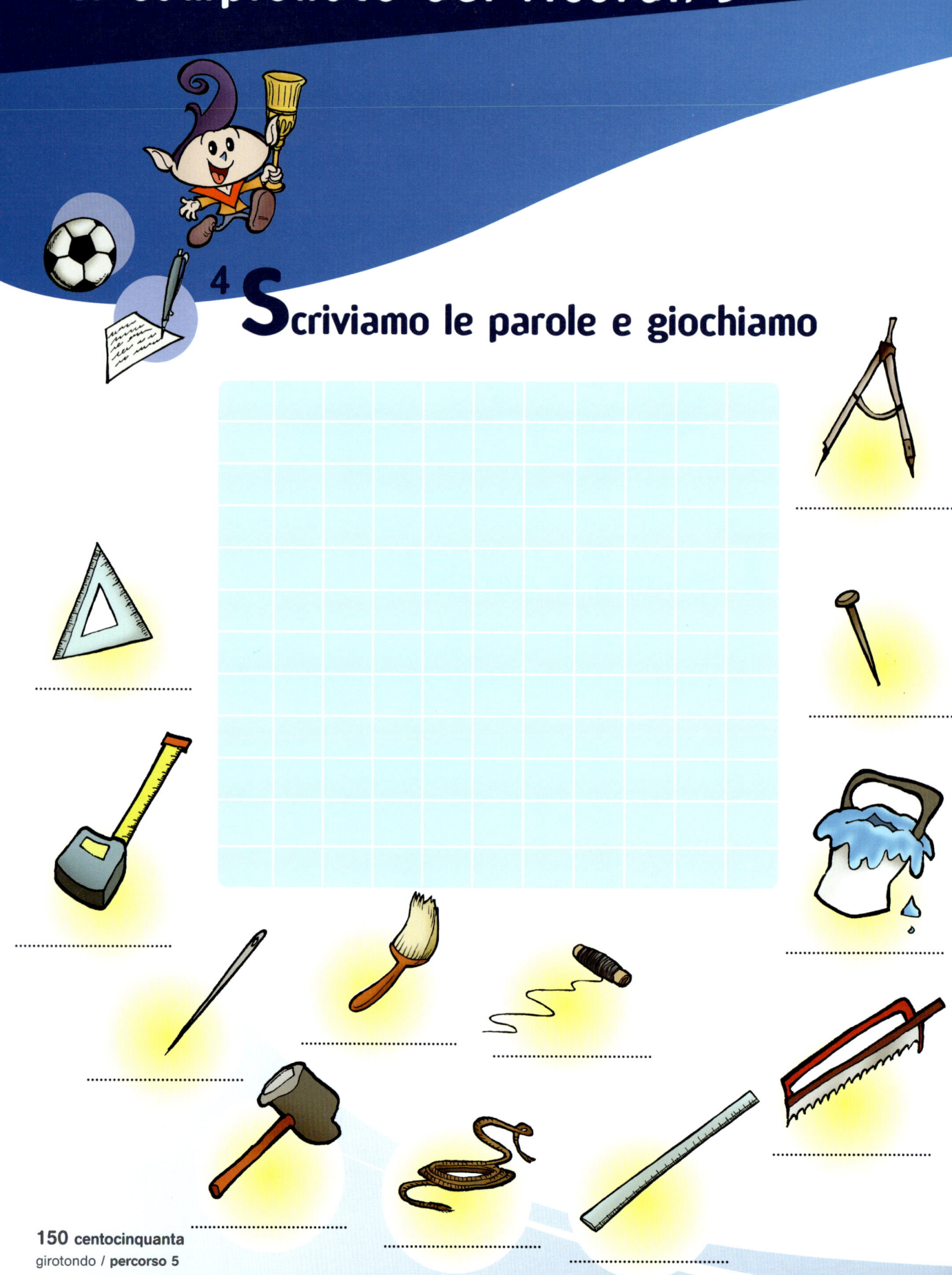

5 La rana e il fiume

....

Apri le pagine XXII e XXIII degli allegati.

allegati/percorso 1

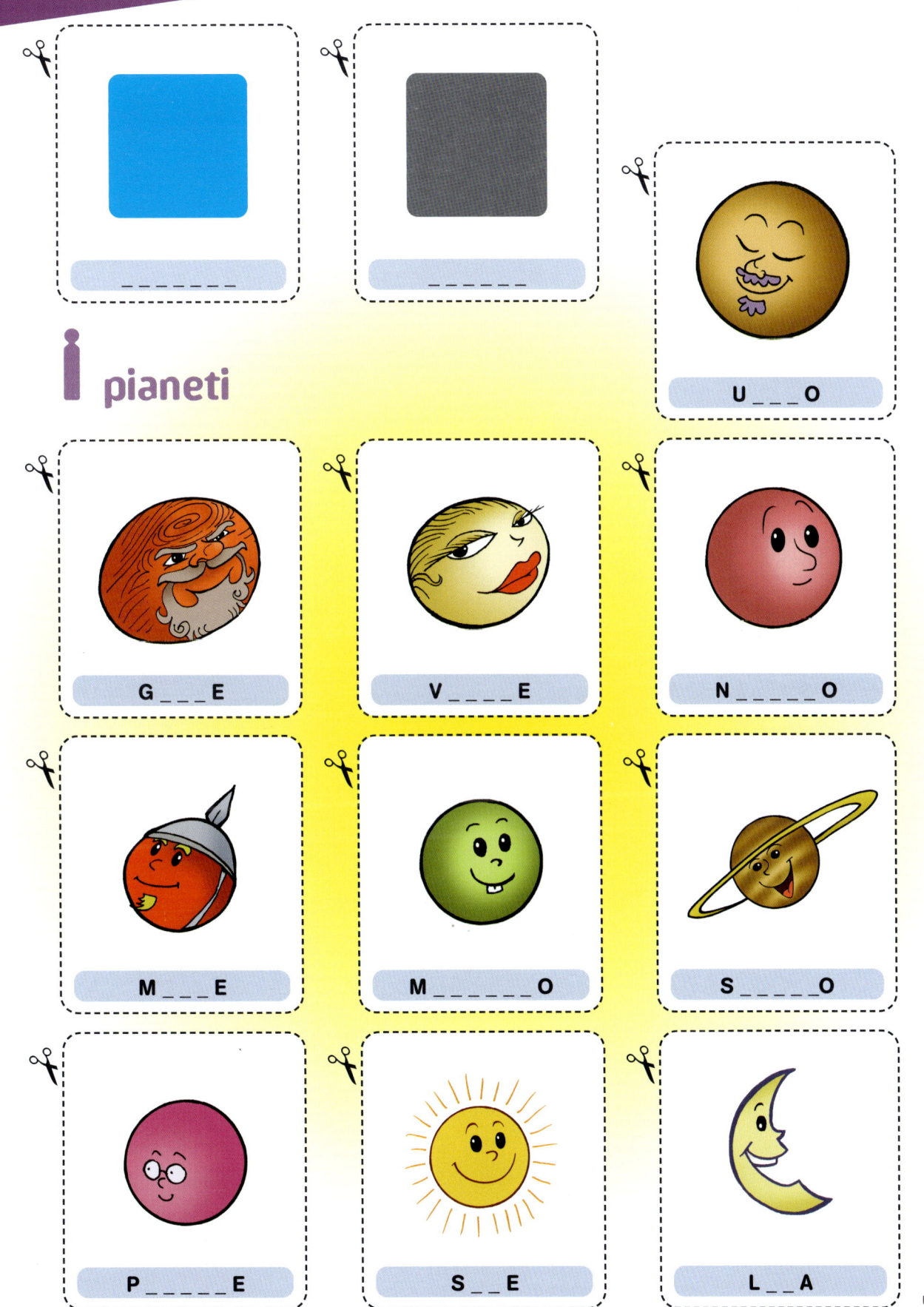

allegati/percorso 1

allegati/ il campionato dei ricordi 1

allegati/ il campionato dei ricordi 1

allegati/percorso 2

Luoghi della città

allegati/percorso 2

Alimenti

allegati/percorso 2

Sport

allegati/percorso 2

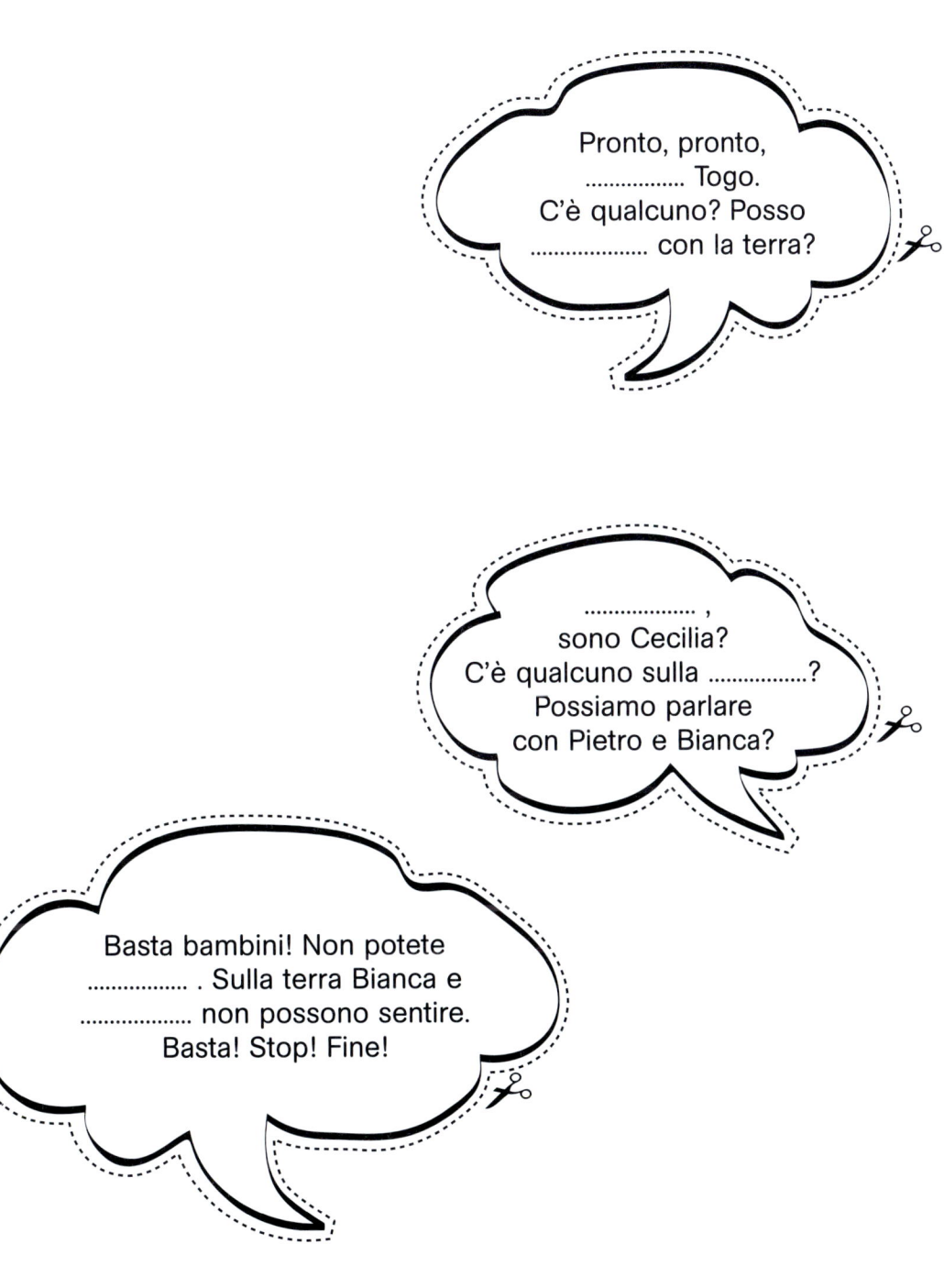

otto VIII
girotondo / allegati

allegati/ il campionato dei ricordi 2

allegati/ il campionato dei ricordi 2

allegati/percorso 3

allegati/percorso 3

✂ Abbiamo avuto molta sete, ma .... l'acqua dei fiumi.

✂ Ora anche i fiumi sono secchi: .... aiuto da voi.

✂ Cari amici, quando .... da Blunasia è successa una cosa terribile.

✂ La terra, gli alberi, i fiori .... perchè improvvisamente è diventato molto caldo.

allegati/percorso 3

Parti del corpo

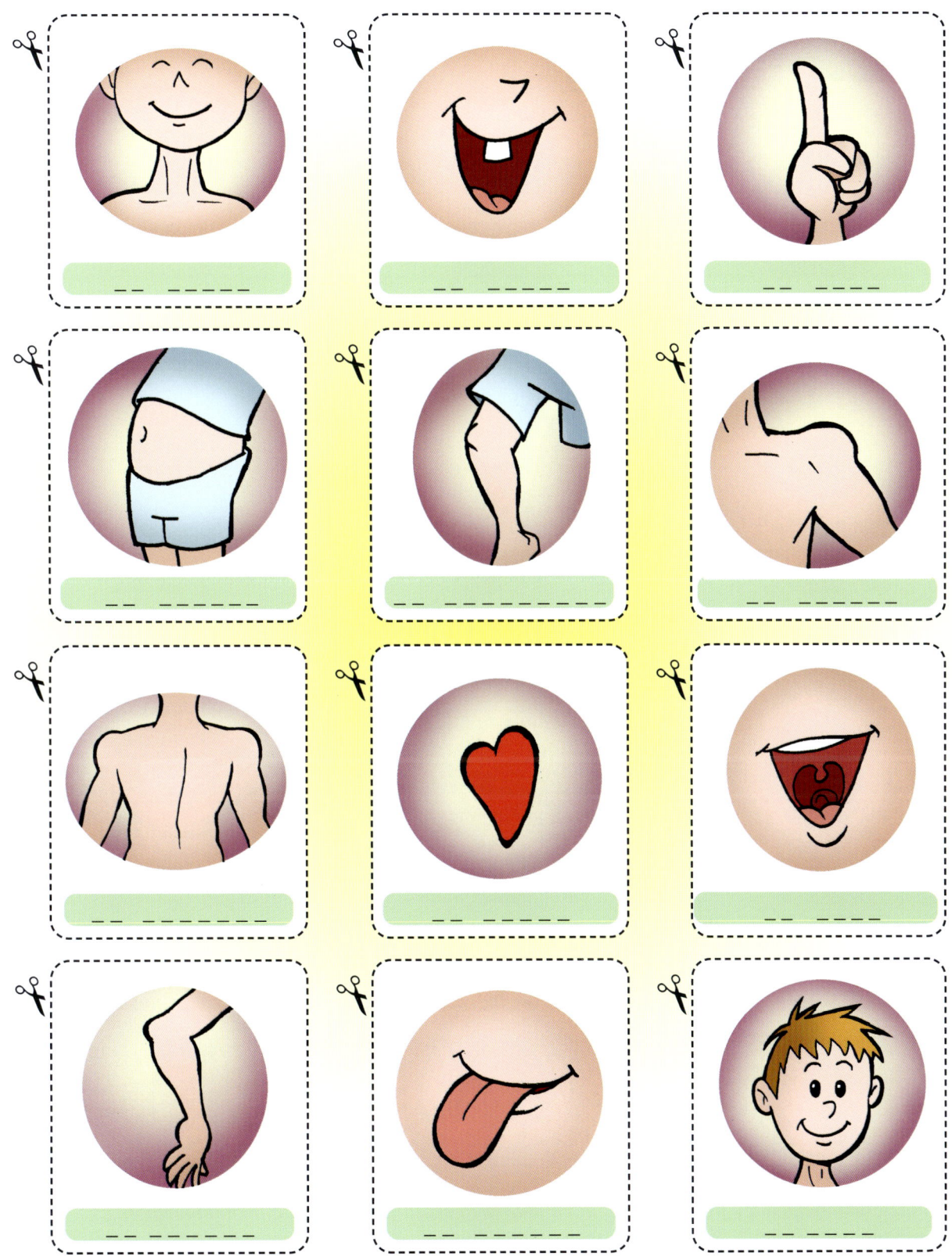

allegati/percorso 3

Contenitori

allegati/ il campionato dei ricordi 3

allegati/ il campionato dei ricordi 3

allegati/percorso 4

Luoghi e ambiente

diciassette XVII
girotondo / allegati

allegati/ il campionato dei ricordi 4

allegati/ il campionato dei ricordi 4

allegati/percorso 5

La casa

allegati/percorso 5

Attrezzi

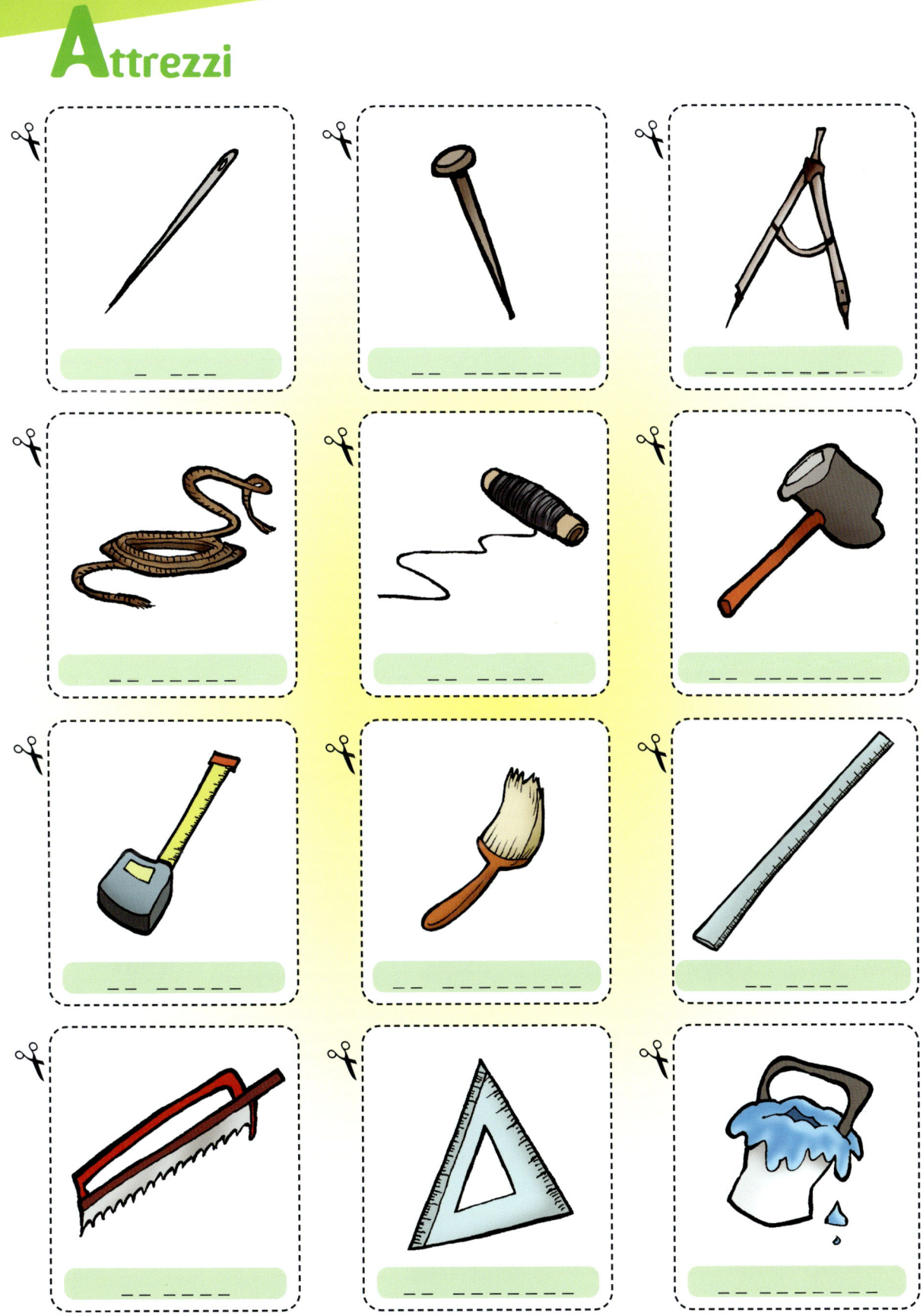

allegati/ il campionato dei ricordi 5

allegati/ il campionato dei ricordi 5

Finito di stampare nel mese di settembre 2005
da Guerra guru s.r.l. - Via A. Manna, 25 - 06132 Perugia
Tel. +39 075 5289090 - Fax +39 075 5288244
E-mail: geinfo guerra-edizioni.com

Girotondo 2

L'italiano nel mondo

LA MIA GRAMMATICA

Musiche originali delle canzoni:
Juan Carlos "Flaco" Biondini
Direzione del coro "Verdi Melodie"
(IV circolo didattico di Parma) **e delle voci:**
Beniamina Carretta

Si ringraziano N.L. Manghi, dirigente
del IV circolo didattico di Parma e
Alessandro Casappa

Art Direction e Progetto Grafico:
Salt & Pepper - Perugia
Illustrazioni: Fulvio Petri

ISBN 88-7715-863-8
© Copyright 2005 Guerra Edizioni
www.guerra-edizioni.com

Stampa: Guerra - Guru S.r.l.

Tutti i diritti riservati.
È assolutamente vietata la riproduzione
anche parziale, dell'opera con qualsiasi
mezzo effettuata, non autorizzata,
compresa la fotocopia.

LINUCCIO PEDERZANI - ALIDA CAPPELLETTI
MARCO MEZZADRI

Girotondo 2

L'italiano nel mondo

LA MIA GRAMMATICA

Com'è?

È un bambino alt**o** e magr**o**.   È una bambina alt……. e magr……. .

È un uomo grasso.   È una donna grassa.

LA CONCORDANZA DEGLI AGGETTIVI IN -O E -A

Di fianco e di fronte

La pasticceria è .... alla farmacia.

La gelateria è .... al bar.

La pasticceria è di fianco alla farmacia.

La gelateria è di fronte al bar.

Il mangiadrillo ha fame

Qual è il tuo sport preferito?

.... è il tuo sport preferito?

Qual è il tuo sport preferito?

Che cosa hanno fatto ieri?

Che cosa ...hai... mangi...ato... ieri?

Una torta.

E voi dove .... mangi............. ?

Noi .... mangi .... a casa.
Io .... mangi............... un pesce e
lui .... mangi............ una pizza.

E loro che cosa .... mangi............. ?

Non lo so.

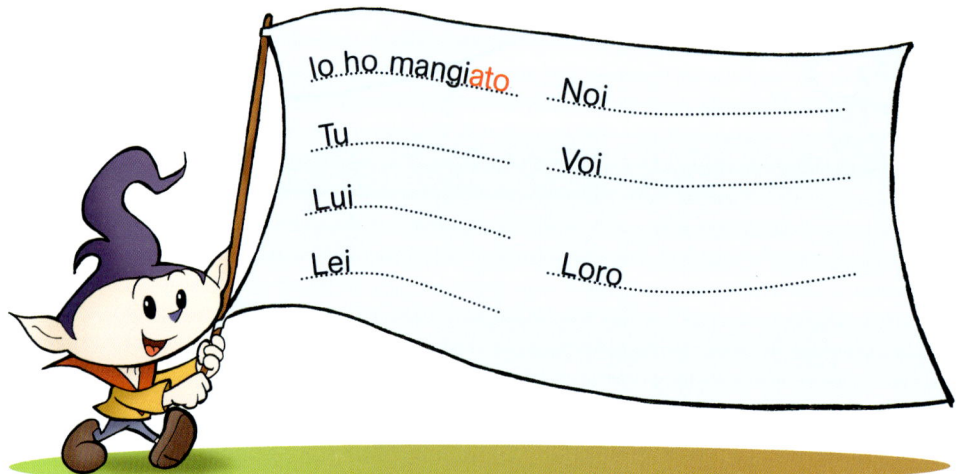

Io ho mangiato   Noi ....

Tu ....   Voi ....

Lui ....

Lei ....   Loro ....

IL PASSATO PROSSIMO (1)

Che cosa ..**hai**.. av..**uto**.. ieri? .... av............ freddo.

E loro che cosa .... av............... ?

Lui .... av............... caldo e lei .... av............... sete.

E voi che cosa .... av............ ?

Noi .... av............ sonno.

....Io ho av**uto**........ ....Noi........................

....Tu........................ ....Voi........................

....Lui........................

....Lei........................ ....Loro......................

IL PASSATO PROSSIMO (1)

Che cosa ti piace?

MI PIACCIONO/NON MI PIACCIONO

Com'è?

È un bambino cinese, alto e felice.   È una bambina cines...., alt........ e ....

È un bambino felice   È una bambina felice

AGGETTIVI IN -E

Perché siete venuti?

.... sei venuto?

.... voglio aiutare i bambini di Blunasia.

.... l'erba è secca?

.... non c'è acqua.

Perché l'erba è secca?	Perché non c'è acqua.

GLI INTERROGATIVI: PERCHÈ

Si può?

.... guardare qui?

Sì, ...

.... guardare qui?

No, è vietato. Prima ....
.... rispondere a una domanda.

Si può guardare qui?

Si deve rispondere a una domanda.

SI IMPERSONALE

PLURALE DEI NOMI E DEGLI AGGETTIVI

Di chi è?

Questo è il <u>nostro</u> compasso.

Questa è la .... astronave.

Questo è il .... pennello.

Questa è la .... vernice.

Questo è il .... metro.

Questa è la .... squadra.

I POSSESSIVI

I POSSESSIVI

Finito di stampare nel mese di settembre 2005
da Guerra guru s.r.l. - Via A. Manna, 25 - 06132 Perugia
Tel. +39 075 5289090 - Fax +39 075 5288244
E-mail: geinfo guerra-edizioni.com

Girotondo 2

L'italiano nel mondo

DIZIONARIO ILLUSTRATO

Art Direction e Progetto Grafico:
Salt & Pepper - Perugia
Illustrazioni: Fulvio Petri

ISBN 88-7715-863-8
Copyright 2005 Guerra Edizioni
www.guerra-edizioni.com

Stampa: Guerra - Guru S.r.l.

Tutti i diritti riservati.
E' assolutamente vietata la riproduzione,
anche parziale, dell'opera con qualsiasi
mezzo effettuata, non autorizzata,
compresa la fotocopia.

**LINUCCIO PEDERZANI - ALIDA CAPPELLETTI
MARCO MEZZADRI**

Girotondo 2

L'italiano nel mondo

DIZIONARIO ILLUSTRATO

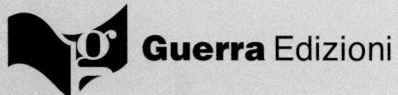

i colori

i pianeti

oggetti della casa

oggetti della casa

luoghi della città

alimenti

sport

parti del corpo

contenitori

luoghi e ambiente

la casa

attrezzi

Finito di stampare nel mese di settembre 2005
da Guerra guru s.r.l. - Via A. Manna, 25 - 06132 Perugia
Tel. +39 075 5289090 - Fax +39 075 5288244
E-mail: geinfo@guerra-edizioni.com